compendio Bildungsmedien

Betriebswirtschaftslehre

Recht im Betrieb – Management-Basiskompetenz

Theoretische Grundlagen und Methoden mit Beispielen, Repetitionsfragen und Antworten

Christa Müller, Lucien Gehrig und Thomas Hirt

D1718167

Recht im Betrieb – Management-Basiskompetenz
Theoretische Grundlagen und Methoden mit Beispielen, Repetitionsfragen und Antworten
Christa Müller, Lucien Gehrig und Thomas Hirt

Grafisches Konzept: dezember und juli, Wernetshausen
Satz und Layout, Korrektorat: Mediengestaltung, Compendio Bildungsmedien AG, Zürich
Druck: Edubook AG, Merenschwand

Redaktion und didaktische Bearbeitung: Thomas Hirt

Artikelnummer: 14949
ISBN: 978-3-7155-7484-4
Auflage: 6., überarbeitete Auflage 2017
Ausgabe: U1047
Sprache: DE
Code: SVF 013

Artikelnummer E-Book: E-15026
ISBN E-Book: 978-3-7155-7495-0
Code E-Book: SVFE 013

Die Printausgabe dieses Buchs ist klimaneutral in der Schweiz gedruckt worden. Die Druckerei Edubook AG hat sich einer Klimaprüfung unterzogen, die primär die Vermeidung und Reduzierung des CO_2-Ausstosses verfolgt. Verbleibende Emissionen kompensiert das Unternehmen durch den Erwerb von CO_2-Zertifikaten eines Schweizer Klimaschutzprojekts.

Mehr zum Umweltbekenntnis von Compendio Bildungsmedien finden Sie unter: www.compendio.ch/Umwelt

Inhaltsverzeichnis

Zur Reihe «Management-Basiskompetenz»

Die Reihe «Management-Basiskompetenz» besteht aus sieben Lehrmitteln und richtet sich an Berufsleute, die sich im Bereich Management weiterbilden wollen, Absolvierende und Lehrpersonen einer höheren Berufsbildung, Studierende einer höheren Fachschule, Fachhochschule oder Universität.

Die Titel der Reihe heissen:

Management-Basiskompetenz
Betriebswirtschaft
Finanzielles und betriebliches Rechnungswesen
Finanzielle Führung
Personalmanagement
Organisation
Einführung ins Recht
Recht im Betrieb

Alle Lehrmittel dieser Reihe ermöglichen es, praktische Erfahrungen mit theoretischem Wissen zu verbinden und dadurch nützliche Erkenntnisse für die eigene berufliche Tätigkeit zu gewinnen. Sie folgen dem bewährten didaktischen Konzept von Compendio Bildungsmedien:

* Klar strukturierte, gut verständliche Texte mit zahlreichen grafischen Darstellungen erleichtern die Wissensaufnahme.
* Beispiele schaffen Verständnis und gewährleisten den Praxisbezug.
* Zusammenfassungen und Fragen mit kommentierten Lösungen dienen der Repetition und ermöglichen die Selbstkontrolle der Lernfortschritte.

Zürich, im März 2015

Rita-Maria Züger, Projektleitung

Vorwort zur 6. Auflage

Inhalt und Aufbau dieses Lehrmittels

Das Lehrmittel gliedert sich in vier Teile.

- **Teil A:** Kaufvertrag
- **Teil B:** Arbeitsvertrag
- **Teil C:** Weitere Verträge auf Arbeitsleistung
- **Teil D:** Unternehmensformen und Handelsregister

Zur aktuellen Auflage

Die seit der letzten Auflage in Kraft gesetzten Gesetzesänderungen wurden berücksichtigt. Hervorzuheben sind:

- Obligatorische Unfallversicherung und Mutterschaftsentschädigung im Arbeitsrecht
- Gründung des Einzelunternehmens
- Neues Firmenrecht bei der Kollektivgesellschaft
- Neufassung der Kapitel zur AG und zur GmbH

In eigener Sache

Haben Sie Fragen oder Anregungen zu diesem Lehrmittel? Sind Ihnen Tipp- oder Druckfehler aufgefallen? Über unsere E-Mail-Adresse postfach@compendio.ch können Sie uns diese gerne mitteilen.

Zürich, im April 2017

Christa Müller

Lucien Gehrig

Thomas Hirt

Teil A   Der Kaufvertrag

Einstieg

Massimo Rizzo, Leiter Infrastruktur bei einer grösseren Unternehmensberatung, und sein Team sind hauptsächlich für die Informatikbelange, die Bürogeräte und die Möblierung zuständig.

Die Geschäftsleitung hat Massimo Rizzo beauftragt, für das Unternehmen ein neues Raumkonzept zu erarbeiten und die Büromöblierung nach modernen Gestaltungskriterien zu evaluieren. Massimo Rizzo hat bereits einige Offerten von verschiedenen Büromöbelanbietern erhalten. Er stellt fest, dass die Kaufbedingungen für die Büromöbel, vor allem die Lieferbestimmungen und die Garantieleistungen bei Mängeln, sehr unterschiedlich geregelt sind. Damit er besser verhandeln kann, will sich Massimo Rizzo zuerst orientieren, wie diese Fragen im Gesetz geregelt werden und welche Punkte für einen Kaufvertrag wichtig sind.

Was lernen Sie?

Sie verstehen die wichtigsten Regeln des Kaufvertragsrechts.

- In **Kapitel 1** lernen Sie die Grundlagen und Entstehungsgründe des Kaufvertrags sowie die Rechte und Pflichten der Vertragsparteien kennen.
- In **Kapitel 2** befassen Sie sich mit den häufigsten Erfüllungsfehlern des Verkäufers und des Käufers.

1 Abschluss und Inhalt des Kaufvertrags

Lernziele: Nach der Bearbeitung dieses Kapitels können Sie …

* beschreiben, was man unter einem Kaufvertrag versteht.
* die gültige Entstehung des Kaufvertrags anhand der vier Voraussetzungen Einigung, Handlungsfähigkeit, Form und zulässiger Vertragsinhalt beschreiben.
* die Haupt- und Nebenpflichten des Verkäufers beschreiben.
* die Haupt- und Nebenpflichten des Käufers beschreiben.

Schlüsselbegriffe: Besitz, bewegliche Sache, Distanzkauf, Eigentum, Fahrnis, Frankolieferung, Grundbucheintrag, Grundstück, Immobilie, Incoterms, Kaufgegenstand, Kaufpreis, Kaufvertrag, Nutzen und Gefahr, Übergabe, Übergabekosten, Übernahmekosten, Versendungskauf, Zollfreilieferung

Kaufen und verkaufen kann man fast alles. So ist der **Kaufvertrag** einer der häufigsten Verträge des Geschäftslebens. Das Kapitel zeigt, wie der Kaufvertrag definiert ist, wie er entsteht und welche Rechte und Pflichten die Vertragspartner haben.

1.1 Was ist ein Kaufvertrag?

Beim Kaufvertrag versprechen sich die Vertragspartner **Ware gegen Geld** (OR 184).

* Der Verkäufer verspricht dem Käufer den **Kaufgegenstand.** Dieser soll nach Erfüllung des Vertrags dem Käufer gehören. Der Käufer soll **Eigentümer** des Kaufgegenstands werden.
* Der Käufer verspricht, dem Verkäufer den **Kaufpreis** zu bezahlen.

[1-1]   Die gegenseitigen Leistungsversprechen beim Kaufvertrag

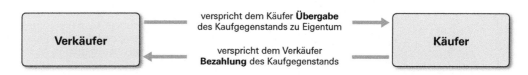

In den meisten Fällen handelt es sich beim Kaufgegenstand um eine **körperliche Sache.** Dabei unterscheidet man: **bewegliche** und **unbewegliche Sachen.**

* **Bewegliche Sachen** werden in der etwas altertümlichen Sprache des Gesetzes auch **Mobilien** oder **Fahrnis** genannt, z. B. Nahrungsmittel, Kleider, Autos usw.
* **Unbewegliche Sachen** nennt man auch **Grundstücke** oder **Immobilien.** Wenn das Gesetz von Grundstücken spricht, meint es nicht nur das **Land,** sondern auch die darauf stehenden **Bauten;** Grundstücke sind auch **Eigentumswohnungen.**

Kaufen kann man auch **unkörperliche Sachen,** z. B. (absolute) **Rechte** (z. B. geistiges Eigentum wie ein Patent oder das Urheberrecht an einem Werk) oder sogar **Obligationen.** Der Inhaber des Rechts oder der Forderung verspricht dann, seine Rechtsposition an den Käufer zu übertragen. Wenn der Kauf vollzogen ist, ist der Käufer der neue Rechteinhaber.

Beispiel

Herr Koller hat bei einem Weinhändler Wein bestellt und die Rechnung von 745 Franken auch nach der zweiten Mahnung nicht bezahlt. Um sich nicht mit säumigen Schuldnern herumschlagen zu müssen, veräussert der Weinhändler Forderungen nach erfolgloser zweiter Mahnung an ein spezialisiertes Inkassobüro.

Der Vertrag, den der Weinhändler mit dem Inkassobüro jeweils abschliesst, ist ein Kaufvertrag. Kaufgegenstand sind eine oder mehrere Forderungen, als Kaufpreis wird ein bestimmter Prozentsatz der Forderungssumme vereinbart (z. B. 50%).

1.2 Abschluss des Kaufvertrags

Ein Kaufvertrag entsteht, wenn die vier Voraussetzungen der Vertragsentstehung erfüllt sind:

- **Einigung** der Parteien über die Hauptpunkte (OR 1 ff.),
- **Handlungsfähigkeit** (ZGB 12 ff.),
- Einhaltung der vorgeschriebenen **Form** und
- **zulässiger Vertragsinhalt** (OR 11 und 19 f.).

Einigung über die Hauptpunkte

Hauptpunkte sind beim Kaufvertrag der **Kaufgegenstand** und der **Kaufpreis**. Darüber müssen sich Käufer und Verkäufer mindestens einigen, denn sonst entsteht kein Kaufvertrag.

- **Einigung über den Kaufgegenstand:** Wenn der Kaufgegenstand im Kaufvertrag als individualisiertes Einzelstück definiert ist, handelt es sich um eine **Speziessache.** Der Verkäufer schuldet dann genau diesen Gegenstand. – Ist der Kaufgegenstand nur der Sorte nach bestimmt, dann handelt es sich um eine **Gattungssache.** Der Verkäufer kann innerhalb der definierten Sorte auswählen, welche Sachen er dem Käufer gibt (OR 71).
- **Einigung über den Kaufpreis:** Nach OR 184 III genügt es, wenn der Preis nach den Umständen «**bestimmbar ist**». Das heisst: Anstatt im Vertrag den Preis schon festzuschreiben, können die Parteien auch festlegen, nach welchen Kriterien der Preis berechnet wird. Bei Waren mit einem **Marktpreis** kann man sogar einen Kaufvertrag abschliessen, ohne dass man ein Wort über den Preis verliert. In solchen Fällen ist der Preis über den Marktpreis bestimmbar. Sofern sich nichts anderes aus den Umständen ergibt, gilt der mittlere Marktpreis zur Zeit und am Ort der Erfüllung (OR 212).

Beispiel
Einigung über den Kaufpreis bei Waren mit einem Marktpreis: Die Wirtin bestellt beim Fischhändler telefonisch 5 kg Forellen. Über den Kaufpreis spricht man nicht. Trotzdem kommt der Vertrag zustande. Denn für Forellen gibt es einen Marktpreis, den die Wirtin und der Fischhändler zweifellos gemeint haben. Der Fischhändler kann deshalb den mittleren Marktpreis des Liefertags verlangen.

Nach der Logik des OR sind – abgesehen von Kaufgegenstand und Kaufpreis – alle weiteren Vertragspunkte **Nebenpunkte.** Darüber können sich die Parteien einigen (z. B. in AGB), sie müssen es aber nicht. Wenn sie nichts abmachen, gelten die (dispositiven) Regeln des OR.

Handlungsfähigkeit beider Vertragspartner

Käufer und Verkäufer müssen **handlungsfähig,** d. h. **urteilsfähig** und **volljährig** sein (ZGB 12 ff., vgl. Kap. 7.2, S. 78).

Formvorschriften im Kaufrecht

Kaufverträge können **mündlich oder schriftlich** abgeschlossen werden. Von Bedeutung sind aber folgende zwei Formvorschriften:

- Das OR verlangt beim **Grundstückkauf** die **öffentliche Beurkundung.**
- Beim **Abzahlungskauf** (Ratenzahlung) zwischen Unternehmen und Konsumenten verlangt das Konsumkreditgesetz (KKG) die **Schriftform.**

Der zulässige Vertragsinhalt

Der Inhalt des Kaufvertrags darf nicht widerrechtlich, unsittlich oder objektiv unmöglich sein.

1.3   Übergang von Nutzen und Gefahr

OR 185 regelt den Übergang von «**Nutzen und Gefahr**». «Nutzen» steht für «Gewinn und Ertrag», «Gefahr» für «Risiko des Untergangs der Kaufsache». Es geht also um die folgenden zwei Fragen:

*   Ab welchem Zeitpunkt gehören die **Erträge** (Nutzen) der Kaufsache dem Käufer?
*   Ab welchem Zeitpunkt trägt der Käufer das **Risiko** des Untergangs oder der Wertverminderung (Gefahr) der Kaufsache?

Fahrniskauf

Sofern nicht besondere Verhältnisse oder Verabredungen eine Ausnahme begründen, gehen beim Fahrniskauf Nutzen und Gefahr wie folgt auf den **Käufer** über:

*   **Speziessache.** Bei individuell bestimmter Kaufsache gehen Nutzen und Gefahr im Zeitpunkt des Vertragsabschlusses auf den Käufer über (OR 185 I).
*   **Gattungssache.** Bei bloss der Gattung nach bestimmter Kaufsache gehen Nutzen und Gefahr wie folgt über (OR 185 II):
    *   Beim **Platzkauf,** d. h., wenn der Käufer die Kaufsache abholt, gehen Nutzen und Gefahr auf den Käufer über, sobald die Kaufsache ausgeschieden ist.
    *   Beim **Versendungskauf** (Distanzkauf), d. h., wenn dem Käufer die Kaufsache zugesandt wird, gehen Nutzen und Gefahr auf diesen über, sobald die Kaufsache zur Versendung abgegeben ist.

Beispiel

Orthopädin Anastasia Ineichen bestellt bei Importeurin Siffert SA zehn Hüftgelenke des Typs Titan C400. Bei einem Brand in der Versandabteilung der Siffert SA werden unter anderem diese künstlichen Hüftgelenke zerstört. Gemäss OR 185 II trägt in diesem Fall die Importeurin das Risiko des Untergangs der Kaufsache (vergleiche in diesem Zusammenhang auch OR 119).

Grundstückkauf

Beim Grundstückkauf gelten folgende Regeln für den Übergang von Nutzen und Gefahr:

*   Wenn im Kaufvertrag für die Übernahme des Grundstücks (Schlüsselübergabe) ein **Zeitpunkt** festgelegt wurde, gehen Nutzen und Gefahr mit diesem Zeitpunkt auf den Käufer über (OR 220).
*   Wenn im Kaufvertrag für die Übernahme des Grundstücks **kein Zeitpunkt** festgelegt ist, gehen Nutzen und Gefahr mit Vertragsabschluss auf den Käufer über (OR 185 I).

Beispiel

Gregor Samsa kauft ein Ferienhaus im Berner Oberland. Am 14. Februar unterschreibt er den öffentlich beurkundeten Kaufvertrag (Verpflichtungsgeschäft). Der Vertrag nennt für die Übernahme des Grundstücks (Schlüsselübergabe) den 28. Februar und für den Eintrag ins Grundbuch (Übertragung des Eigentums) den 15. März. Eine Lawine zerstört das Ferienhaus am 26. Februar. Die Gefahr, d. h. das Risiko des Untergangs (sogenannte Kaufpreisgefahr), trägt bis zur Schlüsselübergabe am 28. Februar der Verkäufer. Der Kaufvertrag erlischt, Gregor Samsa muss den Kaufpreis nicht bezahlen und erhält eine eventuell bereits geleistete Anzahlung zurück.

1.4 Rechte und Pflichten der Vertragspartner

Was müssen die Vertragspartner nun genau tun, wenn sie den Kaufvertrag **richtig erfüllen** sollen?

- Hauptpflicht Verkäufer: **Übergabe** der Kaufsache zu Eigentum
- Hauptpflicht Käufer: **Bezahlung** des Kaufpreises
- **Nebenpflichten** von Verkäufer und Käufer

1.4.1 Hauptpflicht Verkäufer: Übergabe der Kaufsache zu Eigentum

Durch den Kaufvertrag verpflichtet sich der Verkäufer, dem Käufer den **Kaufgegenstand** zu übergeben und ihm das **Eigentum** daran zu verschaffen (OR 184).

A Was bedeutet «Eigentum übertragen»?

Eigentümer einer Sache ist die Person, der sie gehört. Eigentum übertragen bedeutet deshalb, dass die Sache nach Erfüllung des Kaufvertrags nicht mehr dem Verkäufer, sondern dem **Käufer gehört**. Die Regeln zum Eigentum finden sich im ZGB, und zwar im **Sachenrecht** (ZGB 641 ff.). Wer also wissen will, was es juristisch gesehen genau bedeutet, Eigentum zu haben bzw. zu übertragen, muss im ZGB nachschauen.

Nach ZGB 641 ist Eigentum das umfassende **Herrschafts- und Verfügungsrecht** über eine **körperliche Sache.** Wer Eigentümer ist, kann in den Schranken der Rechtsordnung nach Belieben über seine Sache verfügen (ZGB 641 I). Das heisst: Der Eigentümer kann bestimmen, wer die Sache benützen darf und wer nicht, ob sie entsorgt werden soll und eben auch, ob sie verkauft, getauscht oder verschenkt werden soll. Genau dieses umfassende Herrschafts- und Verfügungsrecht muss der Verkäufer auf den Käufer übertragen. Nach Erfüllung des Kaufvertrags soll der Käufer Eigentümer sein.

B Eigentum und Besitz – was ist der Unterschied?

Im täglichen Sprachgebrauch werden «Eigentum» und «Besitz» oft gleichbedeutend verwendet. Das ZGB unterscheidet aber ganz scharf:

- **Besitzer** ist, wer eine Sache hat, wer die **tatsächliche und körperliche Herrschaft über sie** hat (ZGB 919).
- **Eigentümer** ist, wer das umfassende **Herrschafts- und Verfügungsrecht über die Sache** hat (ZGB 641).

Beispiel

Richard Huber hat Werner Marxers Einfamilienhaus gemietet. Wer ist hier Eigentümer und wer Besitzer?
- Werner Marxer ist Eigentümer des Einfamilienhauses und hat damit das umfassende Verfügungs- und Herrschaftsrecht über die Sache. Wenn Werner Marxer selbst im Haus wohnt, ist er gleichzeitig auch Besitzer. Dann übt er nämlich die tatsächliche Herrschaft selbst aus.
- Zum Eigentum gehört, dass Werner Marxer seine Sache einem anderen zur Benützung überlässt, und zwar mit dem Abschluss des Mietvertrags mit Richard Huber. Er räumt Richard Huber den Besitz des Hauses ein, wofür dieser ihm den Mietzins bezahlen muss.

C Wie wird Eigentum übertragen?

Ziel des Kaufvertrags ist, das **Eigentum am Kaufgegenstand auf den Käufer** zu übertragen. Was muss der Verkäufer aber tun, damit der Käufer Eigentümer wird?

Viele Laien nehmen spontan an, das Eigentum am Kaufgegenstand gehe mit Abschluss des Kaufvertrags vom Verkäufer auf den Käufer über. Dem ist nicht so. Richtig ist zwar, dass es einen Kaufvertrag – oder einen anderen rechtlich anerkannten Grund, z. B. eine Schenkung oder einen Tausch – braucht, damit man Eigentümer werden kann. Das allein genügt aber nicht. Denn mit **Abschluss des Vertrags** übernimmt der Verkäufer erst die Pflicht, dem Käufer zum vereinbarten Zeitpunkt das **Eigentum zu übergeben.** Der tatsächliche **Vollzug dieser Pflicht** ist eine **Frage der Erfüllung.** Dabei unterscheidet das Gesetz zwischen beweglichen Sachen und Grundstücken.

[1-2]   Die Eigentumsübertragung vom Verkäufer auf den Käufer

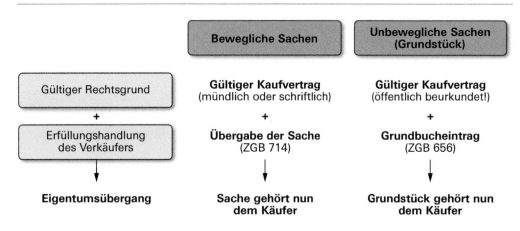

	Beispiel	

Beispiel

- **Eigentumsübergang bei beweglichen Sachen:** Sie kaufen ein Auto. Wann werden Sie nun Eigentümer – im Moment des Vertragsabschlusses, im Moment der Bezahlung oder im Moment der Übergabe des Autos? Die Antwort ist klar: Eigentümer werden Sie im Moment des Besitzübergangs, also bei der Übergabe. Sobald Ihnen der Verkäufer nach dem gültigen Vertragsabschluss die Schlüssel überreicht, werden Sie Eigentümer, denn mit den Schlüsseln erhalten Sie exklusiven Zugriff auf Ihr neues Auto.
- **Eigentumsübergang bei Grundstücken:** Sie kaufen eine Eigentumswohnung. Sie gehört Ihnen, sobald Sie gestützt auf den öffentlich beurkundeten Kaufvertrag im Grundbuch als Eigentümer eingetragen sind. Vor dem Grundbucheintrag gehört die Wohnung noch immer dem Verkäufer.

D Exkurs: Wie kann der Eigentümer sein Eigentum, wie der Besitzer seinen Besitz schützen?

Der Eigentümer

Wer **Eigentümer** einer Sache ist, hat das Recht, sie von jedem, der sie ihm vorenthält, herauszuverlangen und jede ungerechtfertigte Einwirkung abzuwehren (ZGB 641 II).

Der Besitzer

Auch der Besitzer hat verschiedene Möglichkeiten, um einen unrechtmässigen Angriff auf seinen Besitz abzuwehren. Das ZGB unterscheidet zwischen dem Besitzschutz und dem Rechtsschutz.

Besitzesschutz (ZGB 926–929). Ungerechtfertigte Angriffe auf seinen Besitz darf ein Besitzer mit Gewalt abwehren (ZGB 926). Neben diesem Recht auf Selbsthilfe stehen ihm Besitzesschutzklagen zu: Wer einem andern eine Sache widerrechtlich entzieht, ist verpflichtet, sie zurückzugeben. Überdies hat der Besitzer Anspruch auf Schadenersatz. Und wenn ein Besitzer in seinem Besitz widerrechtlich gestört wird, kann er gegen den Störenden Klage erheben und die Beseitigung und Unterlassung der Störung sowie Schadenersatz verlangen (ZGB 927 ff.).

Rechtsschutz (ZGB 930–937). Neben dem Besitzesschutz geniesst der Besitzer aber auch einen Rechtsschutz. Hier geht es um den Schutz des Erwerbers, der eine Sache von jemandem erworben hat, der gar nicht Eigentümer war. Es stellt sich dann folgende Frage: Kann man von einem Nichteigentümer Eigentum erwerben oder muss man damit rechnen, dass der tatsächliche Eigentümer, dem die Sache gegen seinen Willen abhandengekommen ist, die Sache zurückverlangen kann?

[1-3]   Erwerb einer Sache vom Nichteigentümer

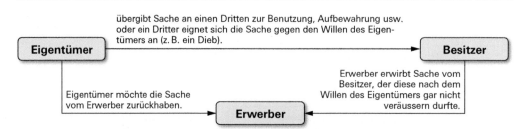

Kann der Erwerber die Sache behalten oder muss er sie dem Eigentümer herausgeben? – Und was geschieht mit dem Besitzer, der den ganzen Konflikt ja verursacht hat?

Der Konflikt zwischen dem Eigentümer und dem Erwerber. Das ZGB beantwortet diesen Konflikt in den Artikeln 714 II sowie 933 und 934. Es gelten folgende Grundsätze:

- **Bösgläubiger Erwerber.** Der eigentliche Eigentümer kann seine Sache von jedem zurückverlangen, der **bösgläubig** ist. Bösgläubig ist jemand, der weiss oder wissen müsste, dass er die Sache von jemandem erworben hat, der gar nicht Eigentümer ist.
- **Gutgläubiger Erwerber.** Schwieriger wird die Sache für den Eigentümer, wenn der Erwerber **gutgläubig** ist. Gutgläubig ist jemand, der nicht weiss, dass er die Sache von jemandem erwirbt, der gar nicht Eigentümer ist, und der dies bei gebotener Aufmerksamkeit auch nicht wissen müsste. In dieser Situation kommt es darauf an, auf welchem Weg die Sache vom Besitzer zum Eigentümer gelangt ist.
  - Wurde die Sache **gestohlen oder ist sie dem Eigentümer auf andere Art abhandengekommen,** gilt ZGB 934. Der Eigentümer kann die **Sache innert 5 Jahren vom Erwerber zurückverlangen.** Den Kaufpreis muss er dem gutgläubigen Erwerber nur dann zurückerstatten, wenn die Sache öffentlich versteigert bzw. auf einem Markt oder durch den Handel veräussert wurde (ZGB 934 II).
  - Ganz schlecht ist die Position des Eigentümers, wenn er die **Sache einem Dritten anvertraut** (z. B. vermietet, verleast) hat. Veräussert nun der Dritte (Besitzer) die Sache weiter, dann ist der Erwerber in jedem Fall geschützt. Er kann die Sache behalten.

Beispiel Harald Gämperle kauft auf dem Flohmarkt ein Mischpult. Mit der Übergabe wird Harald glücklicher Eigentümer der Kaufsache, doch leider nicht lange. Denn als er das Gerät am nächsten Wochenende im Übungslokal austestet und dazu einige Musikerkollegen einlädt, erkennt Konzertveranstalter Markus Schneider, der sich unter Haralds Gästen befindet, das Mischpult sofort als eines seiner Geräte.

- **Variante 1 – anvertraute Sachen:** Mark Schneider hatte es Luc Berger ausgeliehen und dieser hat es ohne Schneiders Einverständnis einfach auf dem Flohmarkt verkauft. Wen würden Sie als Richter schützen – Schneider oder Gämperle? Das Gesetz schützt den gutgläubigen Käufer Gämperle, das verlangt die Verkehrssicherheit. Der Gesetzgeber sagt sich, dass der Eigentümer dafür verantwortlich ist, wem er seine Sachen anvertraut. Marc Schneider ist zuzumuten, dass er die Folgen eines Vertrauensbruchs des Entleihers Bergers trägt. Harald Gämperle darf das Mischpult behalten und Marc Schneider muss Luc Berger wegen Vertragsverletzung zur Verantwortung ziehen (ZGB 933).
- **Variante 2 – abhandengekommene Sachen:** Das Mischpult wurde Schneider gestohlen. Nach ZGB 934 setzt sich Schneider als der tatsächliche Eigentümer gegenüber dem gutgläubigen Erwerber durch. Er kann das Gerät während 5 Jahren von Gämperle herausverlangen. Eine Entschädigung muss er nur unter den Voraussetzungen von ZGB 934 II bezahlen (öffentliche Versteigerung, Verkauf durch offizielle Handelskanäle wie Markt oder Geschäft). Da Gämperle das Mischpult gutgläubig auf dem Flohmarkt erwarb, ist ein solcher Fall gegeben. Gämperle kann Vergütung des Kaufpreises verlangen.

Die Rolle des Besitzers, der zu Unrecht eine fremde Sache veräussert. Je nach Konstellation kommt entweder der Erwerber der Sache oder der Eigentümer zu Schaden. Beide können den Schaden auf den fehlbaren Besitzer abwälzen, vorausgesetzt, dieser ist noch greifbar und in der Lage zu zahlen. Dieser Schadenersatzanspruch beruht auf einem Vertragsverhältnis (z. B. dem Kaufvertrag zwischen dem Besitzer und dem Erwerber oder dem Mietvertrag zwischen dem Eigentümer und dem Besitzer) oder er beruht auf einer unerlaubten Handlung im Sinne von OR 41 (Schadenersatz).

1.4.2 Käufer: Bezahlung des Kaufpreises

Der Käufer verspricht im Kaufvertrag die **Bezahlung** des **Kaufpreises.** Das Kaufrecht stellt dazu keine besonderen Bestimmungen auf. Es kommen die Bestimmungen des Allgemeinen Teils des OR zur Anwendung. OR 84 legt dispositiv fest, dass eine Geldschuld **bar** zu bezahlen ist.

1.4.3 Nebenpflichten von Verkäufer und Käufer

Die **Übermittlung** eines Kaufgegenstands vom Verkäufer auf den Käufer verursacht oft Kosten. Und somit stellt sich die Frage, ob der Verkäufer oder der Käufer diese Kosten zu tragen hat. Damit befassen sich die beiden Bestimmungen von OR 188 und 189.

- OR 188 bestimmt, dass der **Verkäufer die Übergabekosten** zu tragen hat und der **Käufer die Übernahmekosten.**
- OR 189 befasst sich mit der Situation, wenn der Verkäufer verspricht, die **Ware dem Käufer zu senden.**

Beachten Sie! Beide Bestimmungen sind dispositiv und können deshalb von den Vertragspartnern beliebig anders geregelt werden.

Welche Übergabekosten hat der Verkäufer zu tragen?

Übergabekosten sind Kosten für die **Bereitstellung des Kaufgegenstands** durch den Verkäufer – was nötig ist, damit der Verkäufer die Ware an seinem Sitz übergeben kann. OR 188 nennt Wägen und Messen. Ohne andere Abmachung trägt der Verkäufer diese Kosten.

Unklar ist manchmal, wer für die **Verpackung** einer Ware aufzukommen hat. Hier gilt: Der Verkäufer muss die Ware auf seine Kosten so verpacken, wie sie üblicherweise im Handel verpackt ist; denn diese Verpackung ist Teil der Ware und wird mit dem Kaufpreis bezahlt.

Welche Übernahmekosten hat der Käufer zu tragen?

- Das sind die Kosten, die anfallen, damit der Käufer den Kaufgegenstand beim Verkäufer übernehmen kann. Bei einem Grundstückkauf muss der Käufer auch die Kosten für die **öffentliche Beurkundung** des Vertrags und den **Grundbucheintrag** tragen (OR 188).
- Auch die **Transportkosten** trägt der Käufer, sofern nichts anderes abgemacht ist. Das gilt auch, wenn vereinbart ist, dass der Verkäufer die Ware senden soll. Man spricht in diesem Zusammenhang von einem **Versendungskauf** oder auch **Distanzkauf**.

Versendungskauf (Distanzkauf)

Wenn die Partner nichts abgemacht haben, liegen die **Kosten für die Versendung** (Transport und Versicherung) beim **Käufer** (OR 189). Der Verkäufer muss sich jedoch um den Versand der Ware kümmern. Er muss die Ware einem Frachtführer, der Bahn oder der Post übergeben. Im internationalen Handel gehen auch die Zölle zulasten des Käufers.

Die **Kostenverteilung** wird häufig anders vereinbart. So haben sich im nationalen und im internationalen Handel Abkürzungen herausgebildet, mit denen kurz und ganz klar definiert wird, wie die Kosten zwischen Käufer und Verkäufer verteilt werden. Zwei gebräuchliche Vereinbarungen sind in OR 189 III definiert, nämlich «Frankolieferung» und «Lieferung zollfrei».

- **Frankolieferung** bedeutet, dass die Transport- und Versicherungskosten vom Verkäufer übernommen werden (auch franko Domizil).
- **Zollfreilieferung** bedeutet, dass sämtliche Abgaben vom Verkäufer übernommen werden und dass der Käufer nur die Mehrwertsteuer seines Landes zu zahlen hat.

Hinweis

Im internationalen Handel sind die sog. **Incoterms** (**i**nternational **co**mmercial **terms**) verbreitet. Sie beinhalten meist auch eine Regelung der Risikoverteilung. Gegenwärtig sind 13 Incoterms in Gebrauch, die Sie unter www.incoterms.ch finden. Ein Beispiel: **cif** (**c**ost, **i**nsurance, **f**reight = Schaden, Versicherung, Frachtkosten) bedeutet, dass der Verkäufer die Ware bis zum Verschiffungshafen bringt und alle bis dahin anfallenden Kosten deckt. Danach gehen die Kosten zulasten des Käufers.

1.4.4 Eigentumsvorbehalt – Mittel zur Sicherung der Vertragserfüllung

Bei beweglichen Sachen können die Parteien einen Eigentumsvorbehalt vereinbaren. Der Käufer wird so erst Eigentümer, wenn er den Kaufpreis bezahlt hat. Wirksam ist der Eigentumsvorbehalt aber nur, wenn er im Eigentumsvorbehaltsregister am Wohnsitz des Käufers eingetragen ist (ZGB 715 I). Wechselt der Käufer den Wohnsitz, muss der Eigentumsvorbehalt innert drei Monaten am neuen Wohnort eingetragen werden, sonst erlischt er.

Der Eigentumsvorbehalt hat in der Praxis eine zweifache Bedeutung:

- **Rücktrittsvorbehalt.** Falls der Käufer seinen Kaufpreis schuldig bleibt, kann der Verkäufer den Vertrag auflösen und die Kaufsache zurückverlangen, selbst wenn der Eigentumsvorbehalt nicht in das Eigentumsvorbehaltsregister eingetragen ist. Der vereinbarte Eigentumsvorbehalt gilt als Rücktrittsvorbehalt im Sinne von OR 214 III.
- **Sonderstellung im Schuldbetreibungsverfahren.** Gerät der Käufer, bevor er den Kaufpreis bezahlt hat, in Konkurs oder wird er gepfändet, kann der Verkäufer die Kaufsache herausverlangen, da die Kaufsache immer noch ihm gehört. Dieses Vorrecht hat er nur, wenn er den Eigentumsvorbehalt im Eigentumsvorbehaltsregister eingetragen hat.

Entstehung des Kaufvertrags:

1. Einigung über Hauptpunkte	• **Kaufgegenstand:** bewegliche Sache oder Grundstück. • **Kaufpreis:** Der Kaufpreis ist im Vertrag festgeschrieben oder mindestens bestimmbar, z.B. über Marktpreis. (Abmachungen über Nebenpunkte freiwillig)

+

2. Handlungsfähigkeit	• Voll vertragsfähig sind **urteilsfähige Volljährige.** • **Urteilsfähige Minderjährige** mit Zustimmung des gesetzlichen Vertreters oder aus dem eigenen Arbeitserwerb / Taschengeld.

+

3. Richtige Form	• **Abzahlungsvertrag: qualifizierte Schriftform** (schriftlich, Mindestinhalt) • **Grundstückkauf: öffentliche Beurkundung** • Alle **anderen Kaufverträge** kommen auch mündlich zustande.

=

4. Zulässiger Inhalt	Kein widerrechtlicher, unsittlicher, unmöglicher Inhalt

Gültiger Kaufvertrag entstanden – Auflösung des Kaufvertrags nur durch

Auflösungsvertrag	**Rücktritt**	**Anfechtung**
Übereinkunft (OR 115)	Gesetzlich (bei Haustürgeschäft und Abzahlungsvertrag) oder vertraglich	Irrtum (OR 23 ff.), Täuschung (OR 28), Furchterregung (OR 29), Übervorteilung (OR 21)

Pflichten von Verkäufer und Käufer im Überblick:

Die Pflichten im Kaufvertrag

Verkäufer	**Käufer**
Hauptpflicht Übergabe des Kaufgegenstands ins Eigentum des Käufers • Bei **beweglichen Sachen durch Übergabe** • Bei **Grundstücken durch Grundbucheintrag** **Nebenpflichten** • Verkäufer trägt Übergabekosten, sofern nichts anderes vereinbart. • Ist ein Versendungskauf vereinbart, muss der Verkäufer den Gegenstand auf Kosten des Käufers liefern.	**Hauptpflicht** Bezahlung des Kaufpreises Pflicht zur Barzahlung. Heute regelmässig bargeldlose Zahlung vereinbart. Käufer ist verantwortlich, dass Zahlung bei Bank des Verkäufers ankommt. **Nebenpflichten** Käufer trägt Übernahmekosten, sofern nichts anderes vereinbart. Daher gehen beim Versendungskauf die Transportkosten zulasten des Käufers, wenn nichts abgemacht ist.

Eigentum, Eigentumsvorbehalt

- Beim **Fahrniskauf** wird der Käufer Eigentümer, wenn er die Sache erhält. Falls Käufer und Verkäufer einen **Eigentumsvorbehalt** vereinbaren, geht das Eigentum an der Kaufsache erst mit der vollständigen Bezahlung auf den Käufer über.
- Beim **Grundstückkauf** wird er Eigentümer, sobald er ins Grundbuch eingetragen ist.

Nutzen und Gefahr

Nutzen und Gefahr gehen wie folgt auf den Käufer über:

- Beim **Spezieskauf** im Moment des Vertragsabschlusses.
- Beim **Gattungskauf**, sobald der Verkäufer die Ware aus seinen Beständen ausgeschieden hat (Platzkauf) bzw. sobald der Verkäufer die Ware zum Versand aufgegeben hat.
- Beim **Grundstückkauf** gehen Nutzen und Gefahr bei Schlüsselübergabe über bzw. im Zeitpunkt des Vertragsabschlusses, wenn kein Zeitpunkt der Schlüsselübergabe vereinbart wurde.

Besitzesschutz

Sowohl der Eigentümer als auch der Besitzer einer Sache hat das Recht, sie von jedem, der sie ihm vorenthält, herauszuverlangen und jede ungerechtfertigte Einwirkung abzuwehren.

Repetitionsfragen

---

1   Johanna Schnell fährt auf einem Motorrad vor. Ist Frau Schnell Besitzerin oder Eigentümerin des Motorrads?

---

2   Ist in den folgenden Fällen ein Kaufvertrag entstanden?

A] Tim Suter bestellt per Fax 100 000 Blatt Kopierpapier 80 g «hochweiss» für CHF –.02 pro Blatt. Der Lieferant schickt ihm ein Bestätigungsschreiben, in dem es heisst: «Gerne bestätigen wir Ihre Bestellung. ... Leider müssen wir Ihnen mitteilen, dass die Papierpreise auf dem Weltmarkt stark gestiegen sind. Wir müssen neu CHF –.025 pro Blatt berechnen.»

B] Cornelia, 14-jährig, kauft Rollerblades für CHF 275.– und bezahlt bar. Zwei Tage später spricht der Vater im Sportgeschäft vor und will die Rollerblades zurückgeben mit der Begründung, seine Tochter sei noch nicht volljährig und könne deshalb ohne seine Zustimmung keine Kaufverträge abschliessen.

---

3   Massimo Rizzo ist Leiter Infrastruktur bei einer grösseren Unternehmensberatung. Er hat von der Geschäftsleitung den Auftrag, die Büroausstattung zu überarbeiten. Massimo Rizzo hat verschiedene Offerten für neue Büromöbel eingeholt. In einem dieser Vertragsentwürfe findet er folgende Regelungen:

- Vertragsabschluss: «Der Besteller akzeptiert mit dem Auftrag die Verkaufs- und Lieferbedingungen.»
- Lieferung: «Büromöbel liefern wir per Spedition bei Ihrer Wunschadresse an. Unsere Möbelspedition setzt sich vor Anlieferung mit Ihnen in Verbindung, um den Liefertermin abzustimmen. Bei einem Kaufpreis über CHF 2 000.– verrechnen wir Ihnen keine Transport- und Verpackungskosten. Bei einem Kaufpreis unter CHF 1 000.– müssen die Büromöbel beim Lieferanten abgeholt werden.»

A] Unter welchen Voraussetzungen werden allgemeine Geschäftsbedingungen ein Vertragsbestandteil?

B] Wie lautet die gesetzliche Regelung betreffend die Transport- und Verpackungskosten?

C] Ist die vom Möbelhaus vorgeschlagene Lösung für die Kostenverteilung zulässig?

---

4 Stimmen die folgenden Aussagen?

A] Bei einem Gattungskauf müssen Verkäufer ihre Leistungen am gleichen Ort erfüllen, wenn nichts anderes abgemacht ist.

B] Der Käufer wird im Moment der Übergabe der Sache Eigentümer eines Fahrnisgegenstands.

C] Ungerechtfertigte Angriffe auf seinen Besitz darf ein Besitzer mit Gewalt abwehren.

D] Nutzen und Gefahr gehen beim Gattungskauf bei Vertragsabschluss über.

E] Ein Eigentumsvorbehalt kann sowohl an beweglichen als auch an unbeweglichen Sachen begründet werden. Er wird aber nur wirksam, wenn er ins Grundbuch eingetragen ist.

---

2 Fehler bei der Erfüllung des Kaufvertrags

Lernziele: Nach der Bearbeitung dieses Kapitels können Sie ...

- die Erfüllungsfehler beim Kaufvertrag benennen.
- beim Lieferverzug im kaufmännischen und nichtkaufmännischen Verkehr das Vorgehen des Käufers aufzeigen.
- bei Sachmängeln das Vorgehen (Mängelrüge) und die Rechtsansprüche des Käufers (Wandelung, Minderung und Ersatzlieferung) beschreiben und aufzeigen, wann das Produktehaftpflichtrecht die kaufrechtlichen Ansprüche des Käufers ergänzt.
- beim Zahlungsverzug das Vorgehen des Käufers aufzeigen und dabei zwischen Kreditkauf sowie Vorauszahlungskauf bzw. Barkauf unterscheiden.

Schlüsselbegriffe: Barkauf, Deckungskauf, Deckungsverkauf, Ersatzlieferung, Garantie, kaufmännischer Verkehr, Kreditkauf, Lieferverzug, Mangel, Mangelfolgeschaden, Mängelrüge, Minderung, Produktehaftpflichtrecht, Prüfungspflicht, Rügepflicht, Sachgewährleistung, Sachmangel, Sachmängelhaftung, Vorauszahlungskauf, Wandelung, Zahlungsverzug

Der **Verkäufer** kann zwei Arten von Fehlern begehen: Entweder bleibt die Leistung aus (Lieferverzug) oder diese ist mangelhaft (Schlechterfüllung).

Beispiel

Der Garagist Luzi Capaul verspricht seinem Kunden Michael Dreifuss, dass er den neuen Wagen am 3. Juli abholen kann. Als der Kunde den Wagen am 3. Juli abholen will, stellt er zu seinem Schrecken fest, dass der Lack an verschiedenen Stellen zerkratzt ist. Der Lieferzeitpunkt ist zwar eingehalten, der Kaufgegenstand hat aber einen Mangel. Es liegt Schlechterfüllung des Kaufvertrags vor.

Auch der **Käufer** kann zwei Arten von Fehlern begehen: Entweder zahlt er nicht (Zahlungsverzug) oder er versucht sich der Vertragserfüllung zu entziehen, indem er die Ware nicht annimmt (Annahmeverzug bzw. Gläubigerverzug).

[2-1]   Erfüllungsfehler beim Kaufvertrag

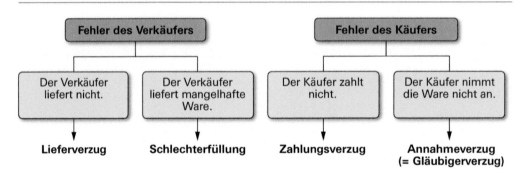

2.1 Lieferverzug – der Verkäufer liefert verspätet

Wenn der Verkäufer nicht zum vereinbarten Zeitpunkt liefert, gerät er in **Lieferverzug.** So bezeichnet man den **Schuldnerverzug** des Verkäufers im Kaufrecht.

Beim **Verfalltagsgeschäft** geschieht das automatisch durch den abgelaufenen Verfalltag, beim **Mahngeschäft** durch eine Mahnung (OR 102). Ist der Verkäufer in Verzug, hängt das Vorgehen des Käufers davon ab, ob es sich bei einem Geschäft um «kaufmännischen Verkehr» handelt oder nicht.

- **Kaufmännischer Verkehr** liegt vor, wenn der Käufer Ware kauft, um sie dann weiterzuverkaufen. Oder kurz: Es handelt sich um einen **Kauf zum Zweck des Weiterverkaufs.** Dabei muss die Ware nicht in unverändertem Zustand weiterverkauft werden. Der Käufer kann die Sache durchaus weiterverarbeiten.

- **Nichtkaufmännischer Verkehr** liegt somit vor, wenn jemand etwas zum Eigengebrauch kauft. Dabei kann es sich um Privatgebrauch handeln oder um Eigengebrauch innerhalb eines Unternehmens.

Beispiel

Ein Computerfachgeschäft bestellt 50 Druckerpatronen zum Weiterverkauf an seine Kunden. Hier handelt es sich um kaufmännischen Verkehr – Verkauf zum Weiterverkauf.

Der Einkäufer der Zentralkredit-Bank kauft dieselben 50 Druckerpatronen für die Drucker seiner Bank. Hier handelt es sich um Eigenverbrauch. Die Bank handelt ja nicht mit Druckerpatronen und benützt die Druckerpatronen auch nicht als Vorfabrikat für ihre Produkte. Daher liegt kein kaufmännischer Verkehr vor.

2.1.1 Variante 1 – Lieferverzug im nichtkaufmännischen Verkehr

Da das Kaufrecht im nichtkaufmännischen Verkehr keine besonderen Regeln aufstellt, finden die allgemeinen Verzugsregeln Anwendung (vgl. OR 102 ff.).

[2-2] Lieferverzug des Verkäufers im nichtkaufmännischen Verkehr

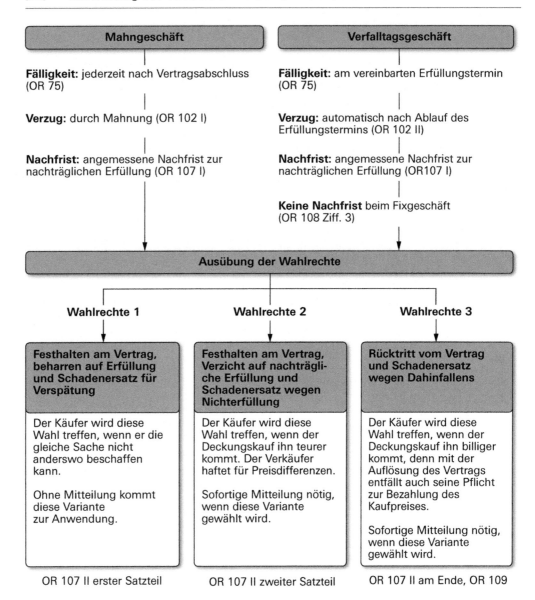

Mahngeschäft	**Verfalltagsgeschäft**
Fälligkeit: jederzeit nach Vertragsabschluss (OR 75)	**Fälligkeit:** am vereinbarten Erfüllungstermin (OR 75)
Verzug: durch Mahnung (OR 102 I)	**Verzug:** automatisch nach Ablauf des Erfüllungstermins (OR 102 II)
Nachfrist: angemessene Nachfrist zur nachträglichen Erfüllung (OR 107 I)	**Nachfrist:** angemessene Nachfrist zur nachträglichen Erfüllung (OR107 I)
	Keine Nachfrist beim Fixgeschäft (OR 108 Ziff. 3)

Ausübung der Wahlrechte

Wahlrechte 1	**Wahlrechte 2**	**Wahlrechte 3**
Festhalten am Vertrag, beharren auf Erfüllung und Schadenersatz für Verspätung	**Festhalten am Vertrag, Verzicht auf nachträgliche Erfüllung und Schadenersatz wegen Nichterfüllung**	**Rücktritt vom Vertrag und Schadenersatz wegen Dahinfallens**
Der Käufer wird diese Wahl treffen, wenn er die gleiche Sache nicht anderswo beschaffen kann.	Der Käufer wird diese Wahl treffen, wenn der Deckungskauf ihn teurer kommt. Der Verkäufer haftet für Preisdifferenzen.	Der Käufer wird diese Wahl treffen, wenn der Deckungskauf ihn billiger kommt, denn mit der Auflösung des Vertrags entfällt auch seine Pflicht zur Bezahlung des Kaufpreises.
Ohne Mitteilung kommt diese Variante zur Anwendung.	Sofortige Mitteilung nötig, wenn diese Variante gewählt wird.	Sofortige Mitteilung nötig, wenn diese Variante gewählt wird.
OR 107 II erster Satzteil	OR 107 II zweiter Satzteil	OR 107 II am Ende, OR 109

2.1.2   Variante 2 – Lieferverzug im kaufmännischen Verkehr

Für den kaufmännischen Verkehr gelten im Kaufrecht **zwei** Spezialregeln.

- **Keine Nachfristansetzung, wenn ein Verfalltag abgemacht ist.**
- **Vermutung, dass der Käufer das Wahlrecht 2 (Deckungskauf) wählt.**

Wird im kaufmännischen Verkehr ein bestimmter Liefertermin (Verfalltag) vereinbart, so geht das Gesetz automatisch von einem **Fixgeschäft** aus (vgl. auch OR 108 Ziff. 3). Daher muss bei Lieferverzug **keine Nachfrist** angesetzt werden. Der Käufer kann also sofort gegen den säumigen Verkäufer vorgehen und von seinem Wahlrecht Gebrauch machen.

Das OR geht vom Normalfall des teureren **Deckungskaufs** aus (Wahlrecht 2). Sobald der vereinbarte Liefertermin verstrichen ist, **vermutet** das Gesetz, dass der Käufer auf die nachträgliche Lieferung verzichtet und stattdessen Schadenersatz wegen Nichterfüllung verlangt (OR 190 und 191 II). Der Käufer hat die Wahlmöglichkeiten 1 und 3 nur, wenn er dies dem Verkäufer **sofort nach Ablauf des Verfalltags** erklärt (OR 190 II). Will der Käufer an der Leistung festhalten oder den Vertrag auflösen, muss er sofort handeln.

Der **Grund** für die beiden Besonderheiten im kaufmännischen Verkehr ist einleuchtend: Ein Kunde, der zum Zweck des Weiterverkaufs oder der Weiterverarbeitung kauft, ist seinerseits meist an feste Liefertermine gebunden. Er muss also die Möglichkeit haben, sich sofort anderswo mit der Ware einzudecken, um seinen eigenen vertraglichen Verpflichtungen nachkommen zu können. Es ist ihm nicht zuzumuten noch eine Nachfrist abzuwarten. Und wer in Zeitnot kauft, wird in der Regel einen teureren Preis bezahlen müssen.

Beispiel

Der Fahrradhändler Paul Abplanalp hat beim Grosslieferanten Boll AG für das Weihnachtsgeschäft 10 Mountainbikes für insgesamt CHF 12 000.– bestellt. Die Boll AG verspätet sich mit der Lieferung. Dadurch entgeht Paul Abplanalp ein gutes Geschäft, denn er hätte die Bikes für CHF 17 000.– verkaufen können.

Da es sich um **kaufmännischen Verkehr** handelt, muss Paul Abplanalp seinem Lieferanten **keine Nachfrist** ansetzen. Er kann sich ohne Weiteres bei einem anderen Lieferanten eindecken (Deckungskauf). Paul Abplanalp tut das, muss aber CHF 14 000.– für 10 Mountainbikes bezahlen. Diesen Mehrpreis kann er von dem vertragsbrüchig gewordenen Boll verlangen (Wahlrecht 2), und zwar wie folgt:

- Paul Abplanalp muss die Rechnung von CHF 14 000.– für die Bestellung beim anderen Händler bezahlen.
- Diese CHF 14 000.– sind nun der Schaden von Paul Abplanalp, den er an die Boll AG weitergeben will. CHF 12 000.– verrechnet er mit der Kaufpreisschuld, die er gegenüber der Boll AG hat. Bleiben CHF 2 000.– Mehrkosten, die er der Boll AG zusätzlich in Rechnung stellt. Auf diese Weise wird Paul Abplanalp so gestellt, wie wenn die Boll AG rechtzeitig geliefert und damit den Kaufvertrag richtig erfüllt hätte.
- Übrigens: Kann Paul Abplanalp beim zweiten Lieferanten die Mountainbikes für CHF 10 000.– anstatt für CHF 12 000.– erhalten, ist es für ihn attraktiver, vom Vertrag mit der Boll AG zurückzutreten (Wahlrecht 3). Das muss er Boll aber unverzüglich nach Ablauf des Verfalltags mitteilen. Sonst verliert er dieses Wahlrecht und behält nur das Wahlrecht 2.

2.2   Sachmängel – Verkäufer liefert mangelhafte Ware

Die Lieferung **mangelhafter Ware** kommt häufig vor: Die neue Uhr läuft nicht, das neue Auto hat Lackkratzer usw. Meistens laufen solche ärgerlichen Missgeschicke glimpflich ab: Der Verkäufer ersetzt einfach den defekten Kaufgegenstand. Was aber, wenn sich der Verkäufer weigert, irgendetwas zu unternehmen? In welchen Fällen muss der Verkäufer für den **Mangel** einstehen? Was kann der Käufer eigentlich verlangen und wie muss er dabei vorgehen?

Umgangssprachlich gehören diese Fragen zum Thema «Garantie». Das OR spricht in den dispositiven Artikeln 197–210 von der «Sachgewährleistung» und meint damit, dass der Verkäufer für die Lieferung des mangelhaften Kaufgegenstands einzustehen hat.

2.2.1 Was ist ein Sachmangel?

Was ein **Sachmangel** ist, bestimmt das Gesetz in OR 197.

[2-3] Die Sachmängel beim Kaufvertrag

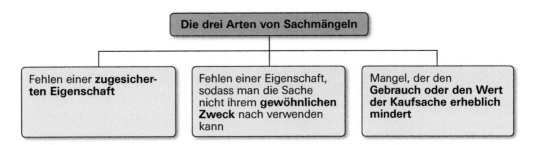

Die drei Arten von Sachmängeln

- Fehlen einer **zugesicherten Eigenschaft**
- Fehlen einer Eigenschaft, sodass man die Sache nicht ihrem **gewöhnlichen Zweck** nach verwenden kann
- Mangel, der den **Gebrauch oder den Wert der Kaufsache erheblich mindert**

Beispiel

- **Fehlen einer zugesicherten Eigenschaft:** Der Verkäufer erklärt der Käuferin ausdrücklich, dass die gekauften Fensterscheiben absolut bruchsicher sind. Kurze Zeit später trifft ein Fussball von Nachbars Kindern eine der Scheiben, die total zersplittert. Die Fensterscheiben sind mangelhaft: Sie weisen eine ausdrücklich zugesicherte Eigenschaft (Bruchsicherheit) nicht auf.
- **Die Sache kann nicht ihrem Zweck entsprechend verwendet werden:** Wenn Sie einen Haarföhn kaufen, sichert Ihnen der Verkäufer nicht ausdrücklich zu, dass der Föhn auf «warm» eingestellt werden kann. Das ist eine Eigenschaft, die durch den Zweck des Geräts (Haare trocknen) vorbestimmt ist. Fehlt eine solche zweckbestimmte Eigenschaft und lässt sich der Föhn nur auf «kalt» einstellen, liegt ein Sachmangel vor.
- **Körperlicher Mangel:** Die gekauften Tomaten sind matschig und faulig. – Die frisch erworbene Bluse hat zwei unterschiedliche Ärmellängen. – Die Halterung am Fahrradsattel bricht ab. – Beim neu erstandenen Hemd geht die Farbe beim ersten Mal Waschen aus.
- **Rechtlicher Mangel:** Sie kaufen bei einem Händler in der Schweiz ein Auto. Als Sie es einlösen wollen, stellen Sie fest, dass es sich um einen ausländischen Typ handelt, der in der Schweiz gar nicht zugelassen ist. Wenn Ihnen der Händler dies nicht gesagt hat, handelt es sich um einen Mangel. Sie können erwarten, dass ein Gerät benützt werden darf, wenn Sie es in der Schweiz kaufen.

2.2.2 Vorgehen des Käufers bei Sachmangel

Der Käufer muss zweimal schnell sein, **beim Prüfen** und **beim Rügen!**

Offene Mängel

Der Käufer muss die Kaufsache **sofort** bei Übernahme auf **offene Mängel** hin **überprüfen**.

Stellt er offene Mängel fest, d. h. Mängel, die bei einer Übernahmekontrolle erkennbar sind, muss er unverzüglich **Mängelrüge** erheben.

Eine verspätete **Mängelrüge** bedeutet den Verlust der Sachgewährleistungsansprüche. Die Kaufsache ist dann genehmigt und der Verkäufer kann auch eine an sich berechtigte Mängelrüge ablehnen (OR 201).

Versteckte Mängel

Versteckte Mängel sind Mängel, die man bei der Übernahmekontrolle nicht feststellen kann. Hier muss der Käufer die Mängelrüge erheben, sobald der **Mangel entdeckt** wird.

Die Haftung des Verkäufers für versteckte Mängel dauert grundsätzlich **2 Jahre** (OR 210, vgl. Kap. 2.2.4).

2.2.3 Ansprüche des Käufers bei einem Sachmangel

Hat die gekaufte Ware einen Sachmangel und hat der Käufer diesen rechtzeitig beanstandet, kann er aus **folgenden Möglichkeiten** auswählen (OR 205 I, 206 I):

- Wandelung
- Minderung
- Mängelfreie Ersatzlieferung

[2-4]   Ansprüche des Käufers bei Sachmängeln

Drei Wahlrechte des Käufers bei Sachmängeln

Wandelung (OR 205 I)	Minderung (OR 205 I)	Ersatzlieferung (OR 206)
Folge: Der Vertrag wird aufgelöst. Der Käufer gibt den Kaufgegenstand (evtl. gegen eine Mietgebühr) zurück und erhält den Kaufpreis (inkl. Zins) zurück.	**Folge:** Der Käufer reduziert den Kaufpreis um den Wertverlust der mangelhaften Ware. Falls er schon bezahlt hat, kann er die Differenz zurückverlangen.	**Folge:** Der Käufer verlangt eine andere mängelfreie Kaufsache.

Beachten Sie: Das OR sieht keine Reparatur des mangelhaften Gegenstands vor. Eine solche kann aber vereinbart werden.

2.2.4 Dauer der Sachgewährleistung

Bewegliche Sachen

Für bewegliche Sachen dauert die Sachgewährleistung **zwei Jahre** seit Ablieferung des Kaufgegenstands. So lange muss der Verkäufer dem Käufer gegenüber für versteckte Mängel einstehen. Danach erlischt die Haftung des Verkäufers (OR 210 I).

Hinweis

Eine besondere Verjährungsfrist von 5 Jahren gilt nach OR 210 II für bewegliche Sachen, die bestimmungsgemäss in Bauwerke eingebaut wurden und die zu einem Mangel am Bauwerk geführt haben.

Beispiel: Ein Sanitär kauft beim Baugrossmarkt Abwasserrohre, die er im Rahmen einer Gebäudesanierung in einen Altbau einbaut. Drei Jahre später wird im sanierten Haus ein teurer Wasserschaden entdeckt. Die Experten stellen fest, dass dieser auf undichte Wasserrohre zurückzuführen ist, die der Sanitär eingebaut hat.

- Gegenüber dem Gebäudeeigentümer haftet der Sanitär als Werkunternehmer während fünf Jahren für solche Mängel (OR 371; vgl. Kap. 8.2.2).
- Dank der Bestimmung von OR 210 II hat der Sanitär gegenüber dem Verkäufer der Rohre seine Sachgewährleistungsrechte auch während fünf Jahren. So kann er mindestens Ersatzlieferung für die Rohre verlangen und eventuell auch Schadenersatz für die Wasserschäden am Haus (vgl. dazu OR 208 II und III).

Gebäude

Für versteckte Mängel an einem verkauften Gebäude dauert die Sachgewährleistung **fünf Jahre** seit Erwerb des Eigentums, d. h. ab dem Grundbucheintrag der Handänderung (OR 219 III).

2.2.5 Vertragliche Abänderung der Sachgewährleistung

Die Regeln zur Sachgewährleistung (OR 197–210) sind weitgehend **dispositives Recht.** Die Vertragspartner können die Haftung des Verkäufers für Sachmängel ändern, einschränken oder ganz ausschliessen (OR 199). Solche Abmachungen kommen oft vor.

Verkürzung der Sachgewährleistungsdauer

Für bewegliche Sachen kann die Sachgewährleistungsdauer nur unter den Einschränkungen von OR 210 IV verkürzt werden.

Danach gilt für Verträge zwischen **Konsumenten und beruflichen / gewerblichen Verkäufern** Folgendes:

* Für **neue Kaufgegenstände** ist die Verkürzung der Sachgewährleistungsdauer unter zwei Jahre unzulässig.
* Für **gebrauchte Waren** kann die Sachgewährleistungsdauer begrenzt werden, sie muss aber im Minimum 1 Jahr betragen.

Zur Beachtung: Diese Einschränkung gilt nur für Geschäfte zwischen Endverbrauchern (Konsumenten) und beruflichen / gewerblichen Verkäufern. Sie gelten nicht, wenn beide Vertragspartner Konsumenten sind oder wenn beide Unternehmen sind.

Reparaturrecht anstelle der Gewährleistungsrechte

In Vereinbarungen über die Sachgewährleistung wird oft abgemacht, dass der Käufer bloss einen **Reparaturanspruch** hat und auf seine Rechte nach OR verzichtet (Wandelung, Minderung und Ersatzlieferung). Das ist eine Verschlechterung seiner Position. Denn oft können Schäden mit einer Reparatur nur ungenügend behoben werden.

Wegbedingung der Sachgewährleistung

Die Verkäuferhaftung kann vertraglich **ganz aufgehoben** werden. Der Verkäufer übernimmt in solchen Fällen keinerlei Verantwortung für Mängel an der Kaufsache. Unzulässig ist das nur für Mängel, die der Verkäufer dem Käufer arglistig verschwiegen hat (OR 199).

Für den Ausschluss der Verkäuferhaftung sind im Handel bestimmte Formeln gebräuchlich, man nennt sie auch **Freizeichnungsklauseln.** Typische Klauseln sind z. B.: «gekauft wie besehen», «gekauft wie gefahren», «gekauft wie besichtigt» oder «jede Nachwährschaft ist ausgeschlossen» (bei Grundstücken üblich). Mit solchen und ähnlichen Abmachungen verzichtet der Käufer auf die Mängelhaftung des Verkäufers.

Hinweis

Beachten Sie, dass die Aufhebung der Haftung auch in Konsumverträgen zulässig ist. Das heisst: In solchen Verträgen ist die Sachgewährleistungsdauer zwar zwingend, nicht aber die Sachgewährleistung also solche. Der Verkäufer kann die Haftung ganz wegbedingen, wenn er aber eine Haftung gewährt, dann für mindestens 2 Jahre (bzw. 1 Jahr für gebrauchte Sachen).

Diese spitzfindige Lösung ist auch für viele Juristen nur schwer nachvollziehbar. Mit der Einführung des revidierten Sachgewährleistungsrechts auf den 1. Januar 2013 wurde das aber vom Parlament so beschlossen.

2.2.6 Sachgewährleistung und Garantie

Sachgewährleistung ist die Haftung des **Verkäufers** gegenüber dem **Käufer** für Mängel an der Kaufsache.

Im allgemeinen Sprachgebrauch bezeichnet man diese Forderung des Käufers auch als **Garantie.** Aus rechtlicher Sicht ist die Garantie (engl. warranty) aber etwas anderes. Hier verspricht i. d. R. der **Hersteller** der Sache dem jeweiligen rechtmässigen **Inhaber** das anstandslose Funktionieren des Gegenstands während einer bestimmten Zeitdauer.

Für den Inhalt der Garantie gibt es im Unterschied zur Sachgewährleistung keine besonderen Vorschriften. Massgeblich ist, was der Hersteller in seiner Garantieerklärung verspricht. Die Regeln zur Sachgewährleistung kommen für die Garantie nicht zur Anwendung.

Sachgewährleistung des Verkäufers und Garantie des Herstellers können **nebeneinander** bestehen. Der Käufer kann dann wählen, gegen wen er vorgehen will. Oft schliesst der Verkäufer aber im Vertrag mit dem Käufer seine Sachgewährleistung aus. Dann ist einzig die Garantie des Herstellers massgeblich.

Beispiel

Im **Handel mit neuen Autos** ist die Mängelhaftung meist wie folgt geregelt:
- Der Autohändler (Verkäufer) schliesst im Vertrag mit seinem Kunden die Sachgewährleistung aus.
- Der Hersteller gibt eine Garantie für eine bestimmte Zeitdauer. Die Leistungen und die Voraussetzungen definiert er in der Garantieerklärung.

Auch viele **Verkaufsgeschäfte des Detailhandels** sehen diese Regelung vor (z. B. für Haushaltsgeräte, Unterhaltungselektronik usw.). Die Wegbedingung der Sachgewährleistung ist hier meist in den AGB vorgesehen. Diesen muss der Käufer bei Vertragsabschluss zustimmen, d. h., bevor er an der Kasse bezahlt hat. Wenn das nicht geschieht, kann der Käufer oft erfolgreich seine Sachgewährleistungsrechte gegen den Verkäufer einfordern und z. B. Ersatzlieferung verlangen.

2.2.7 Mangelfolgeschäden und Produktehaftpflichtrecht

Der Verkäufer haftet gemäss OR 197 ff. für eine Kaufsache, die einen Fehler hat. Haftet er aber auch für **Mangelfolgeschäden?**

Beispiel

Kathrin Moor kauft ein neues Fondue-Gasrechaud. Bei einem Abendessen explodiert das neue Rechaud. Kathrin Moor erleidet Verbrennungen an den Armen und muss ins Spital. Ausserdem gerät die Wohnung in Brand und erheblicher Sachschaden entsteht.

Wie sich herausstellt, ist der Brand darauf zurückzuführen, dass eine Schweissnaht am Behälter undicht war.

Kathrin Moor hat einen mehrfachen Schaden: ein beschädigtes Rechaud, eine zerstörte Wohnungseinrichtung und erhebliche Gesundheitsschäden.
- Den ersten Nachteil kann sie ausgleichen, indem sie einen der Rechtsbehelfe der Sachgewährleistung geltend macht (Wandelung, Minderung, Ersatzlieferung).
- Aber was ist mit den anderen Schäden? Müssen die Betroffenen diese Schäden selbst bezahlen?

Das Sachgewährleistungsrecht sieht tatsächlich die Möglichkeit vor, dass der Verkäufer für die Mangelfolgeschäden haftbar wird. Der Käufer kann sich für die Wandelung entscheiden und dann vom Verkäufer Schadenersatz für die weiteren Schäden verlangen (OR 208 II und III). Der Verkäufer kann allerdings seine Haftung abwenden, wenn er beweist, dass ihn kein Verschulden am Mangel trifft.

Zumindest für die **Konsumenten** sieht das Produktehaftpflichtgesetz (PrHG) eine einfachere Lösung vor.

- Das PrHG regelt die Haftung für **Mangelfolgeschäden,** die durch das fehlerhafte Produkt angerichtet wurden.
- Es handelt sich um eine **Kausalhaftung.** Die Haftpflichtigen haben unabhängig von ihrem Verschulden für die Mangelfolgeschäden einzustehen: Wer ein fehlerhaftes Produkt herstellt und in Umlauf setzt, muss für die Schäden aufkommen, die das Produkt anrichtet.

[2-5]   Steckbrief des Produktehaftpflichtgesetzes

Haftpflichtiger	Haftpflichtig können alle am **Produktions- und Absatzprozess beteiligten** Unternehmen sein; vor allem • Hersteller, • Importeur, • Verkäufer des Produkts. Letzterer allerdings nur, wenn auf den Importeur bzw. den Hersteller nicht zugegriffen werden kann (vgl. PrHG 2).
Fehlerhaftes Produkt	Die Haftpflicht besteht für **fehlerhafte Produkte.** Das sind **bewegliche Sachen,** nicht aber reine Dienstleistungen. Software wird grundsätzlich als bewegliche Sache betrachtet. Fehlerhaft ist ein Produkt, wenn es nicht die Sicherheit bietet, die ein durchschnittlicher Benutzer im Zeitpunkt der Inverkehrsetzung erwarten darf.
Mangelfolge-schaden	Die Haftpflicht besteht für **Mangelfolgeschäden,** die durch das fehlerhafte Produkt entstanden sind, nicht aber für den Schaden am Produkt selbst. Mangelfolgeschäden können **Personen-** und **Sachschäden sein.** • Für **Sachschäden** haftet der Hersteller nur, wenn die beschädigte Drittsache nach ihrer Art gewöhnlich zum **privaten** Gebrauch bestimmt und vom Geschädigten hauptsächlich privat verwendet worden ist (PrHG 1 I lit. b). Der Hersteller haftet nach dem PrHG nicht für zerstörte Drittsachen, die gewerblich genutzt wurden. • Für **Personenschäden** haftet der Hersteller unabhängig davon, ob sie in einer beruflichen oder privaten Situation entstanden sind. Das heisst etwas vereinfacht: Bei Konsumenten haftet der Hersteller nach PrHG für Personen- und Sachschäden; bei Unternehmen haftet er nach PrHG nur für Personenschäden. Hier muss er sich für Sachschäden auf eine andere Rechtsgrundlage abstützen (i. d. R. unerlaubte Handlung nach OR 41). Die Haftung nach PrHG kann anders als die Sachgewährleistung nach OR **nicht ausgeschlossen** werden.
Selbstbehalt bei Sachschäden	Der Geschädigte muss Sachschäden bis zur Höhe von **900 Franken** selber tragen (PrHG 6).
Dauer der Haftung (Verjährung)	Die Frist zur Geltendmachung des Anspruchs dauert **drei Jahre.** • Diese Frist beginnt mit dem Tag zu laufen, an dem der Geschädigte den Schaden, den Fehler am Produkt und den Hersteller kennt. • Auf jeden Fall erlischt jedoch die Haftung des Herstellers **zehn Jahre** nach dem Tag, an dem der Hersteller das fehlerhafte Erzeugnis in den Verkehr gebracht hat.

2.3 Der Zahlungsverzug – der Käufer zahlt nicht

Dass der Käufer nicht rechtzeitig zahlt, kommt häufig vor. Das Kaufrecht kennt **zwei Varianten** des Vorgehens.

- Variante 1 – Kreditkauf
- Variante 2 – Barkauf und Vorauszahlungskauf

2.3.1 Zahlungsverzug beim Kreditkauf

Beim **Kreditkauf** muss der Verkäufer zuerst liefern und darf erst danach Zahlung verlangen (typischer Fall: Lieferung mit Rechnung, die innert 30 Tagen zahlbar ist).

Im Prinzip gelten hier die Regeln des **Schuldnerverzugs.** Besonderheiten gibt es aber bei den Wahlrechten. Diese sind beim Kreditkauf eingeschränkt. Das OR gibt dem Gläubiger (Verkäufer) nur die Möglichkeit, am Vertrag festzuhalten und Zahlung zu verlangen. Vom Vertrag zurückzutreten und den bereits gelieferten Kaufgegenstand zurückzuverlangen kann er nur dann, wenn er sich im **Vertrag einen Rücktrittsvorbehalt** gesichert hat.

Beispiel

Ruth Wanner, Geschäftsführerin einer Jeansboutique, bestellt bei einem Jeansimporteur 100 Jeans. Mit der Warenlieferung erhält sie die Rechnung, die innert 30 Tagen bezahlt werden muss. Es handelt sich hier also um einen Kreditkauf. Wenn Ruth Wanner die Rechnung nicht innerhalb von 30 Tagen bezahlt, kann der Jeansimporteur nur mit entsprechender Vereinbarung vom Vertrag zurücktreten und die Jeans zurückverlangen. Ohne Vereinbarung kann er nur Zahlung fordern und diese notfalls gerichtlich oder mittels Betreibung durchsetzen.

[2-6] Zahlungsverzug beim Kreditkauf (Käufer zahlt nicht, hat aber die Ware bereits)

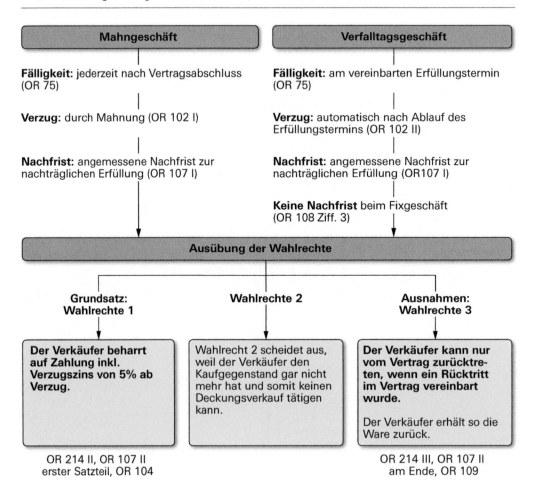

Mahngeschäft	**Verfalltagsgeschäft**
Fälligkeit: jederzeit nach Vertragsabschluss (OR 75)	**Fälligkeit:** am vereinbarten Erfüllungstermin (OR 75)
Verzug: durch Mahnung (OR 102 I)	**Verzug:** automatisch nach Ablauf des Erfüllungstermins (OR 102 II)
Nachfrist: angemessene Nachfrist zur nachträglichen Erfüllung (OR 107 I)	**Nachfrist:** angemessene Nachfrist zur nachträglichen Erfüllung (OR107 I)
	Keine Nachfrist beim Fixgeschäft (OR 108 Ziff. 3)

Ausübung der Wahlrechte

Grundsatz: Wahlrechte 1	Wahlrechte 2	Ausnahmen: Wahlrechte 3
Der Verkäufer beharrt auf Zahlung inkl. Verzugszins von 5% ab Verzug.	Wahlrecht 2 scheidet aus, weil der Verkäufer den Kaufgegenstand gar nicht mehr hat und somit keinen Deckungsverkauf tätigen kann.	**Der Verkäufer kann nur vom Vertrag zurücktreten, wenn ein Rücktritt im Vertrag vereinbart wurde.** Der Verkäufer erhält so die Ware zurück.
OR 214 II, OR 107 II erster Satzteil, OR 104		OR 214 III, OR 107 II am Ende, OR 109

Hinweis

Die Mahngebräuche im Geschäftsalltag

Es ist üblich, den säumigen Käufer in zwei, vielleicht sogar drei Schritten zu mahnen, und zwar bei Mahngeschäften und bei Verfalltagsgeschäften.

- Die **erste** Mahnung ist i. d. R. noch sehr freundlich gehalten, z. B.: «Sicher ist Ihnen entgangen, dass unsere Rechnung Nr. 23945 vom 3. Juli 20xx noch zur Zahlung ansteht. Dürfen wir Sie bitten, diesen Betrag zu begleichen.»
- Die **zweite** Mahnung ist im Ton dann etwas schärfer: «Unsere Rechnung Nr. 23945 ist offen, wir bitten Sie, diesen Betrag innert 10 Tagen zu begleichen …»
- Die **dritte** Mahnung schliesslich enthält dann sogar die Feststellung, dass die Betreibung eingeleitet wird, wenn der Käufer nicht innert der angegebenen Frist von wenigen Tagen bezahlt.

Aus der Optik des Rechts ist dieses gestaffelte Vorgehen nicht notwendig. Wesentlich ist nämlich nur, dass der säumige Käufer in **Verzug** gerät (beim Mahngeschäft) und eine **angemessene Zahlungsfrist erhält** (beim Mahngeschäft und beim Verfalltagsgeschäft). Dies kann in einer einzigen Mahnung geschehen, die überdies auch gleichzeitig das gewählte Wahlrecht bestimmt.

Übrigens: Das Recht lässt eine schärfere, wenn auch wenig kundenfreundliche Gangart zu: Sobald eine Geldforderung fällig ist, kann direkt die Betreibung eingeleitet werden. Der Zahlungsbefehl, der dem Käufer darauf vom Betreibungsamt zugestellt wird, hat dann einen doppelten Zweck. Das Betreibungsverfahren wird eingeleitet und der Zahlungsbefehl wirkt als Mahnung mit Nachfrist, weil der Schuldner im Betreibungsverfahren von Gesetzes wegen eine letzte Zahlungsfrist von 20 Tagen hat.

2.3.2 Zahlungsverzug beim Vorauszahlungskauf und beim Barkauf

Ein **Barkauf** liegt vor, wenn Käufer und Verkäufer gleichzeitig (Zug um Zug) erfüllen müssen. Das ist dann der Fall, wenn sie keine Abrede über die Erfüllungsreihenfolge treffen (OR 75, 184 II und 214 f.).

Beim **Vorauszahlungskauf** vereinbaren die Vertragspartner, dass der Käufer zuerst bezahlt und der Verkäufer erst liefern muss, wenn die Zahlung erfolgt ist. Man sagt dann auch, der Käufer sei **vorleistungspflichtig** (OR 214 f.).

Zahlt der Käufer beim Barkauf und beim Vorauszahlungskauf bei Fälligkeit nicht, kann der Verkäufer **sofort** – ohne Nachfrist! – vom Vertrag zurücktreten (Wahlrecht 3). Das gilt beim Mahn- und beim Verfalltagsgeschäft. Der Verkäufer muss den **Rücktritt** dem Käufer sofort mitteilen (OR 214 I und II). Will der Verkäufer am Vertrag festhalten (Wahlrecht 1 oder 2), dann gelten die allgemeinen Regeln des Verzugs. Das heisst: Der Verkäufer muss die Nachfrist zur nachträglichen Erfüllung ansetzen (beim Mahngeschäft und beim Verfalltagsgeschäft).

Beispiel

Jürg Reller, Druckereibetreiber, bestellt bei seinem Papierlieferanten zwei Tonnen Spezialpapier für einen bestimmten Druckauftrag. Der Lieferant besteht auf Barzahlung bei Ablieferung des Papiers. Wie vereinbart, teilt der Papierlieferant Jürg Reller einige Wochen später mit, das Papier sei nun bei ihm angekommen und er könne es gegen Barzahlung abholen. Darauf erklärt Jürg Reller, der Druckauftrag sei storniert worden und er wolle deshalb das Papier nicht mehr beziehen. Der Papierhändler hat die drei Möglichkeiten, die wir beschrieben haben:

- Er kann vom **Vertrag zurücktreten** (solange Jürg Reller das Papier noch nicht hat) und gegebenenfalls Schadenersatz für alle unnötigen Aufwendungen verlangen, die im Zusammenhang mit dem Vertragsabschluss entstanden sind (Wahlrecht 3, ohne Nachfrist).
- Er kann auf **Erfüllung des Vertrags** bestehen. Und seine Forderung auf Bezahlung des Kaufpreises notfalls mit Betreibung und Gericht durchsetzen. In diesem Fall bleibt seine Pflicht zur Lieferung des Papiers aber weiterhin bestehen (Wahlrecht 1).
- Er kann einen **Deckungsverkauf** vornehmen und die Preisdifferenz verlangen, wenn er das Papier billiger weiterverkaufen muss, als im Vertrag mit Jürg Reller vereinbart (OR 215). Weil es sich um Spezialpapier handelt, ist es sehr wohl möglich, dass er es nur billiger verkaufen kann. Jürg Reller ist dann verpflichtet, für die Preisdifferenz aufzukommen (Wahlrecht 2).

Wichtige Fehler des Verkäufers

Lieferverzug und Sachgewährleistung – die beiden Fehler des Verkäufers

Lieferverzug (Schuldnerverzug) bei verspäteter Leistung (OR 102 ff. und OR 190 ff.)

Beim nichtkaufmännischen Verkehr gelten die allgemeinen Regeln des Schuldnerverzugs (OR 102 ff.).

Beim kaufmännischen Verkehr gelten folgende Besonderheiten:

- Eine vereinbarte Lieferfrist gilt als Fixgeschäft. Der Käufer muss deshalb keine Nachfrist ansetzen.
- Das Gesetz vermutet, dass der Käufer Wahlrecht 2 wählt und Schadenersatz für den (teureren) Deckungskauf verlangt. Will er vom Vertrag zurücktreten (Wahlrecht 3) oder auf Erfüllung bestehen (Wahlrecht 1), muss er dies dem Verkäufer sofort am Verfalltag mitteilen.

Sachgewährleistung bei Lieferung mangelhafter Ware (OR 197–210 und PrHG)

Vorgehen des Käufers

- Offene Mängel: sofortige Prüfung bei Entgegennahme der Kaufsache und sofortige Mängelrüge
- Versteckte Mängel: sofortige Mängelrüge bei Entdeckung. Maximale Dauer der Haftung 1 Jahr

Ansprüche des Käufers

- Wandelung (Auflösung des Vertrags)
- Minderung (Herabsetzung des Kaufpreises)
- Ersatzlieferung (nur bei Gattungssachen)

Abänderung der Sachgewährleistung

- Möglich, da dispositive Bestimmungen

Haftung für Mangelfolgeschäden
nach Produktehaftpflichtrecht (= Kausalhaftung aller an der Herstellung und dem Vertrieb Beteiligten). Es gilt ein Selbstbehalt von CHF 900.–.

Wichtiger Fehler des Käufers – Zahlungsverzug

Der Verkäufer muss beim Zahlungsverzug nach den Regeln des Schuldnerverzugs vorgehen und dabei folgende **Besonderheiten** beachten:

- Beim **Kreditkauf** hat der Verkäufer grundsätzlich **nur ein Wahlrecht.** Er kann auf Erfüllung beharren und den Käufer betreiben, falls er auf die Mahnung mit Nachfristansetzung nicht reagiert hat (Wahlrecht 1). Ausnahmsweise kann er vom Vertrag zurücktreten, wenn er sich im Vertrag ein **Rücktrittsrecht** gesichert hat. Der Eigentumsvorbehalt gilt als Rücktrittsrecht.
- Beim **Barkauf und beim Vorauszahlungskauf** muss der Verkäufer **keine Nachfrist** ansetzen, wenn er vom Vertrag zurücktreten will (OR 214 I und II). Will er auf **Erfüllung** bestehen oder einen **Deckungsverkauf** tätigen (OR 215), muss er eine Nachfrist ansetzen.

Repetitionsfragen

5

Jasmin Krüger hat einen neuen PC-Drucker gekauft. Im Laden hat sie diesen nicht genau angeschaut und muss nun zu Hause feststellen, dass die Anzeige des Druckers nicht funktioniert.

A] Um welche Art von Erfüllungsfehler geht es hier?

B] Nach den Regeln des OR muss Jasmin Krüger zweimal schnell sein. Was ist mit dieser Aussage gemeint? Und hat Jasmin diese Voraussetzungen erfüllt?

C] Der Verkäufer erklärt, er müsse den Drucker zur Reparatur einschicken. Jasmin Krüger möchte aber nicht so lange warten. Welche Rechtsansprüche hat sie nach OR?

6

Aldo Magno handelt mit Computerzubehör. Ein Kunde bestellt Druckerpatronen. Da er nicht genügend Patronen an Lager hat, bestellt Aldo Magno bei seinem Lieferanten sofort 30 Druckerpatronen, lieferbar in fünf Tagen. Der Lieferant bestätigt die Bestellung. Am Liefertag ruft er aber an und teilt Aldo Magno mit, dass er leider erst eine Woche später liefern könne.

A] Um welche Art von Erfüllungsfehler geht es hier?

B] Liegt kaufmännischer oder nichtkaufmännischer Verkehr vor?

C] Was kann Aldo Magno tun, wenn er seinem Kunden 30 Patronen fest versprochen hat?

D] Wie müsste Aldo Magno vorgehen, wenn er die Patronen für den Eigenbedarf bestellt hätte?

7

Robert Hug hat 1 000 Präsentationsmappen bestellt, die offenbar schnell zerkratzen und deshalb nicht verwendet werden können. Robert Hug hat darauf telefonisch vom Lieferanten verlangt, dass dieser die Mappen zurücknehme.

A] Welche Art von Erfüllungsfehler steht hier zur Diskussion? Nennen Sie den allgemeinen Begriff und den Spezialbegriff, den das OR bei Kaufverträgen verwendet.

B] Wo finden Sie die entsprechenden Regeln im OR?

C] Finden Sie, dass Robert Hug im Recht ist? Begründen Sie Ihre Meinung mit ein bis zwei Sätzen und geben Sie den Gesetzesartikel an, auf den Sie sich abstützen.

D] Robert Hug hat beim hier zur Diskussion stehenden Erfüllungsfehler drei Wahlmöglichkeiten. Wie heissen sie und für welchen hat er sich entschieden?

8

Massimo Rizzo verhandelt mit einem Büromöbelhaus über die Lieferung von Bürotischen und Bürostühlen. Er findet allerdings die nachstehenden Klauseln in den Vertragsentwürfen als nicht besonders vorteilhaft für sein Unternehmen:

- Beanstandungen: «Die Lieferung ist sofort nach Erhalt auf Mängel und fehlende Artikel zu prüfen. Offensichtliche Mängel sind uns umgehend, jedoch spätestens nach Ablauf von 8 Tagen mitzuteilen.»
- Garantie: «Wir garantieren für eine einwandfreie Qualität unserer Artikel und gewähren eine Garantie von 6 Monaten ab Lieferdatum. Als Beleg für die Geltendmachung gilt die Rechnung. Unsere Gewährleistung bezieht sich nur auf den Ersatz des Warenwerts.»

A] Wie sieht die gesetzliche Lösung für Beanstandungen und Garantieleistungen aus?

B] Inwiefern unterscheiden sich die Klauseln des Büromöbelhauses von der gesetzlich vorgeschlagenen Lösung?

C] In den Bedingungen steht nichts über die Folgen eines Lieferverzugs. Was bedeutet dies?

Teil B   Der Arbeitsvertrag

Einstieg

Sandra Gerber ist Teamleiterin beim Reisebüro «Sun + Fun AG». Die Arbeit gefällt ihr, sie fühlt sich in ihrer Leitungsrolle wohl und kommt mit ihrem Team sehr gut aus. In letzter Zeit haben jedoch einige Personalentscheidungen zu Spannungen im Team geführt und manche Mitarbeitenden finden, die Geschäftsführerin verlange oft zu viel. Die folgenden Vorkommnisse haben zu reden gegeben:

- Weil ein Teamkollege wegen eines Spitalaufenthalts abwesend war, musste das Team in den letzten zwei Monaten regelmässig Überstunden leisten. Sandra Gerber hat zwar bei der Geschäftsführerin interveniert und eine Aushilfskraft angefordert. Diese wurde jedoch nicht bewilligt. Auch ist das Team verärgert, dass die Geschäftsführerin mit Verweis auf das Firmenreglement einen Teil der Überstunden nicht ausbezahlt hat.
- In der Kaffeepause wurde darüber diskutiert, ob der kranke Kollege den vollen Lohn zugut hat. Als Teamverantwortliche will Sandra Gerber natürlich die rechtlichen Hintergründe einer solchen Entscheidung kennen.
- Schliesslich wurde vor einigen Wochen dem Reiseberater Andreas Herzog fristlos gekündigt. Die Geschäftsführerin hatte von einem guten Kunden den Hinweis erhalten, dass Andreas Herzog nebenher ein eigenes Reisebüro aufbaue und bereits verschiedenen Kunden seine Dienste angeboten habe. Es wird gemunkelt, dass die Geschäftsführerin zusätzlich eine Schadenersatzklage von über CHF 2 000.– gegen Andreas Herzog eingeleitet hat, weil er einige Tage vor der Kündigung einen krassen Fehler bei der Arbeit gemacht habe.

Was lernen Sie?

Sie sind fähig, die Einhaltung der wichtigsten Bestimmungen des privaten und des öffentlichen Arbeitsvertragsrechts in Ihrem eigenen Tätigkeitsbereich zu überprüfen.

- In **Kapitel 3** klären wir, was einen Arbeitsvertrag ausmacht und wie er entsteht.
- In **Kapitel 4** befassen Sie sich mit den Pflichten des Arbeitnehmers und mit den Ansprüchen des Arbeitgebers bei Pflichtverletzungen des Arbeitnehmers.
- In **Kapitel 5** befassen Sie sich mit den Pflichten des Arbeitgebers und mit den Ansprüchen des Arbeitnehmers bei Pflichtverletzungen des Arbeitgebers. Sie erhalten zudem einen Einblick in das Datenschutz-, das Gleichstellungs- und das Mitwirkungsgesetz.
- In **Kapitel 6** finden Sie die Gründe, die zu einer Auflösung des Arbeitsverhältnisses führen, und die Folgen der Beendigung.
- In **Kapitel 7** werden die Bestimmungen besonderer Einzelarbeitsverträge kurz vorgestellt.

3 Grundlagen des Arbeitsrechts und Vertragsabschluss

Lernziele: Nach der Bearbeitung dieses Kapitels können Sie ...

- beschreiben, was man unter einem Arbeitsvertrag versteht.
- die verschiedenen für das Arbeitsverhältnis bedeutenden Normen (Gesetze, Gesamtarbeitsvertrag, Einzelarbeitsvertrag und Firmenreglement) und ihre Hauptziele nennen.
- dispositive, relativ zwingende und absolut zwingende Bestimmungen unterscheiden.
- die Voraussetzungen für das Entstehen eines Arbeitsvertrags erklären.

Schlüsselbegriffe: absolut zwingende Bestimmung, Arbeitgeberverband, Arbeitsvertrag, befristetes Arbeitsverhältnis, Einzelarbeitsvertrag (EAV), Firmenreglement, Gesamtarbeitsvertrag (GAV), Gewerkschaft, Lohnzahlung, relativ zwingende Bestimmung, Teilzeitarbeitsverhältnis, unbefristetes Arbeitsverhältnis

Das Arbeitsrecht ist ein vielschichtiges Rechtsgebiet.

- Es gibt drei Erscheinungsformen von Arbeitsverträgen – **Einzel-, Gesamt- und Normalarbeitsvertrag** (Kap. 3.1, S. 35).
- Es gibt zahlreiche **Rechtsquellen** (Kap. 3.2, S. 36).
- Diese Rechtsquellen sind beim **Abschluss eines Einzelarbeitsvertrags** (Kap. 3.3, S. 39) und bei der Ausübung des Arbeitsverhältnisses zu berücksichtigen.

3.1 Einzel-, Gesamt- und Normalarbeitsvertrag

[3-1] EAV, GAV und NAV

Einzelarbeitsverträge (EAV) (OR 319–355)	Gesamtarbeitsverträge (GAV) (OR 356–358)	Normalarbeitsverträge (NAV) (OR 359–360f)

Konkreter Arbeitsvertrag zwischen Arbeitgeber und Arbeitnehmer
 	
• Gewöhnlicher EAV (OR 319–343)
• Besondere EAV:
  • Lehrvertrag (OR 344 ff.)
  • Handelsreisendervertrag (OR 347 ff.)
  • Heimarbeitsvertrag (OR 351 ff.)
	Vertrag zwischen Gewerkschaften, Arbeitgeberverbänden und / oder einzelnen Arbeitgebern, u.a. über Mindestarbeitsbedingungen	Von den Behörden erlassener Mustervertrag für bestimmte Branchen

Einzelarbeitsvertrag (EAV)

Vertragspartner eines Einzelarbeitsvertrags (EAV) sind der Arbeitgeber und der Arbeitnehmer, die miteinander ein Arbeitsverhältnis eingehen. Man unterscheidet

- den **gewöhnlichen** Einzelarbeitsvertrag (OR 319–343) und
- die **besonderen** Einzelarbeitsverträge Lehrvertrag, Handelsreisendenvertrag und Heimarbeitsvertrag (OR 344–355).

Gesamtarbeitsvertrag (GAV)

Vertragspartner eines GAV sind **Gewerkschaften** und **Arbeitgeberverbände** (manchmal auch einzelne Arbeitgeber). Die Gewerkschaften versuchen, in den GAV möglichst **günstige Mindestarbeitsbedingungen** für ihre Mitglieder auszuhandeln (z. B. Mindestlohnsätze, verlängerte Ferien usw.). Geregelt sind die GAV in OR 356–358.

Normalarbeitsvertrag (NAV)

Der NAV ist in OR 359–360f geregelt. Er hat ein ähnliches Ziel wie der GAV, nämlich den Arbeitnehmern einen minimalen Schutz zu bieten. Im Unterschied zum GAV wird der NAV aber **von den Behörden erlassen.** Zuständig sind der Bund oder die Kantone. Der NAV ist eine Art **Mustervertrag.** Er gilt dann, wenn die Parteien im EAV nichts anderes vereinbart haben. In der Praxis ist die Bedeutung der NAV gering.

3.2   Rechtsquellen des Arbeitsrechts

Im Arbeitsrecht kann ein konkretes Problem an verschiedenen Orten geregelt sein. **Folgende Rechtsquellen** befassen sich spezifisch mit dem Arbeitsverhältnis:

- Einzelarbeitsvertrag (eventuell mit Firmenreglement)
- Gesetze
- Gesamtarbeitsvertrag
- Betriebsordnung

3.2.1   Einzelarbeitsvertrag (EAV) und Firmenreglement

Mit dem **EAV** begründen die Parteien ihr Arbeitsverhältnis und vereinbaren dessen konkrete Bedingungen wie Arbeitsinhalt und -zeit, Lohn, Ferien, Überstunden usw. Die Parteien sind in der Ausgestaltung ihres Arbeitsverhältnisses frei, soweit nicht zwingende Bestimmungen des Gesetzes oder eines GAV die Vertragsfreiheit einschränken.

Das **Firmenreglement** (auch «Betriebsreglement» oder «Mitarbeiterhandbuch» genannt) enthält die in einem bestimmten Betrieb geltenden **allgemeinen Arbeitsbedingungen.** Es geht um detaillierte Bestimmungen, etwa über Arbeitszeit, Überstunden, unbezahlten Urlaub, Sorgfalts- und Treuepflicht, Geheimhaltung, Gratifikation, Spesenregelung, Lohnfortzahlung bei Krankheit und Unfall usw.

Die Regeln des Firmenreglements sind Teil des EAV, nämlich **allgemeine Geschäftsbedingungen** (AGB). Der Arbeitgeber legt fest, zu welchen Bedingungen er bereit ist, einen Vertrag abzuschliessen. Wenn der Arbeitnehmer die allgemeinen Geschäftsbedingungen annimmt, werden sie zum Bestandteil des Vertrags und damit gültig.

3.2.2   Gesetze

Im Arbeitsrecht sind zahlreiche Gesetze von Bedeutung, z. B.:

- Obligationenrecht (OR)
- Arbeitsgesetz (ArG)
- Berufsbildungsgesetz (BBG)
- Datenschutzgesetz (DSG)
- Gleichstellungsgesetz (GlG)
- Mitwirkungsgesetz

Wir beschränken uns an dieser Stelle auf einen Überblick über das OR und das ArG.

Obligationenrecht (OR)

Das **OR** (OR 319–355 und 361 / 362) regelt das Arbeitsvertragsrecht. Es geht um **Zustandekommen, Inhalt** und **Beendigung** des Arbeitsverhältnisses.

Das OR kennt im Arbeitsvertrag drei Arten von Bestimmungen, nämlich **dispositive, relativ zwingende** und **absolut zwingende.** Eine Liste der relativ zwingenden Bestimmungen ist in OR 362 enthalten, eine Liste der absolut zwingenden in OR 361.

Vereinbarungen, die gegen absolut oder relativ zwingende Bestimmungen verstossen, sind nichtig.

[3-2]   Dispositive, relativ zwingende und absolut zwingende Bestimmungen

Dispositive Bestimmungen	Relativ zwingende Bestimmungen	Absolut zwingende Bestimmungen
Können durch Abmachung im Vertrag abgeändert werden.	Können durch Abmachung im Vertrag nur zugunsten des Arbeitnehmers abgeändert werden.	Können überhaupt nicht abgeändert werden.
Beispiel: OR 323 I: «Sind nicht kürzere oder andere Termine **verabredet** ..., so ist dem Arbeitnehmer der Lohn Ende jedes Monats auszurichten.» OR 323 I kommt also nur zum Zuge, wenn die Parteien nichts anderes geregelt haben.	**Beispiel:** OR 322b befasst sich mit der **Provision,** einem Sonderfall des Lohns. Der Provisionsanspruch entsteht im Moment des Geschäftsabschlusses. Da OR 322b relativ zwingend ist, darf nur ein früherer, nicht aber ein späterer Zeitpunkt vereinbart werden.	**Beispiel:** OR 329d II verbietet die **Abgeltung von Ferien** durch zusätzlichen Lohn während der Dauer des Arbeitsverhältnisses. Da die Bestimmung absolut zwingend ist, darf sie auf keine Weise abgeändert werden.

Arbeitsgesetz (ArG)

Beim Arbeitsgesetz steht der **Arbeitnehmerschutz** im Vordergrund. Es geht um

* **Gesundheitsvorsorge** und **Unfallverhütung** am Arbeitsplatz und
* **Höchstarbeitszeiten, Nachtarbeit, Sonntagsarbeit** und minimale **Ruhezeiten.**

Das Arbeitsgesetz gehört zum **öffentlichen Recht.** Es enthält also Rechtsnormen, mit denen der **Staat** ein bestimmtes Verhalten vorschreibt und **von sich aus** für die Einhaltung der Vorschriften sorgt. Zuständig sind auf Bundesebene das Staatssekretariat für Wirtschaft (seco) und auf Kantonsebene die kantonalen Ämter.

Das AG ist (relativ) **zwingendes Recht** zum Schutz der Arbeitnehmenden. Dieser Schutz darf nicht aufgeweicht werden, auch dann nicht, wenn der Arbeitnehmende damit einverstanden ist. Solche Abmachungen im EAV sind nichtig (rechtswidriger Vertragsinhalt).

Beispiel

ArG 18 verbietet die Sonntagsarbeit. Ausnahmen zu diesem Verbot sind nur mit einer Bewilligung zulässig. Hat der Arbeitgeber keine Bewilligung zur Sonntagsarbeit, ist jede anderslautende Vereinbarung im Arbeitsvertrag ungültig, und zwar selbst dann, wenn der Arbeitnehmer das ausdrücklich wünscht. Wird ohne Bewilligung Sonntagsarbeit geleistet, so muss das zuständige Amt von sich aus einschreiten.

Grundsätzlich gilt das Arbeitsgesetz für **alle Arbeitnehmer.** Aber es gibt Ausnahmen. Die wichtigsten dem ArG **nicht** unterstellten Gruppen von Arbeitnehmern sind

- Mitarbeitende von **öffentlichen Verwaltungen** und der SBB,
- Mitarbeitende in Landwirtschaftsbetrieben und in **reinen Familienbetrieben** sowie
- alle **höheren leitenden Angestellten.**

3.2.3 Gesamtarbeitsverträge (GAV)

GAV sind Vereinbarungen zwischen **Arbeitnehmer- und Arbeitgeberverbänden** oder einzelnen Arbeitgebern. Sie sind in OR 356–358 geregelt und enthalten unter anderem **Mindestarbeitsbedingungen.**

In einem Einzelarbeitsvertrag (EAV) darf nur **zugunsten** des Arbeitnehmers abgewichen werden. Verstösst eine Vereinbarung im EAV zuungunsten des Arbeitnehmers gegen Mindestarbeitsbedingungen eines GAV, ist sie **nichtig** (OR 357). An ihrer Stelle gilt automatisch die Bestimmung des GAV.

Beispiel

Der GAV zwischen dem Verband zürcherischer Handelsfirmen und dem kaufmännischen Verband Zürich für die kaufmännischen und kaufmännisch-technischen Angestellten und das Verkaufspersonal im Detailhandel sieht für die Rekrutenschule folgende Lohnfortzahlungspflichten des Arbeitgebers vor: 80% des Lohns an Lehrlinge, 60% an Ledige ohne Unterstützungspflicht, 80% an Verheiratete oder Ledige mit Unterstützungspflicht. Sobald dieser GAV auf ein Arbeitsverhältnis anwendbar ist, hat der Arbeitnehmer zwingenden Anspruch auf mindestens diesen Lohn.

Ein GAV wirkt wie die **relativ zwingenden Vorschriften** des OR. Im Unterschied zum OR ist aber ein GAV nicht auf jedes Arbeitsverhältnis anwendbar, sondern nur, wenn Arbeitnehmer **und** Arbeitgeber dem GAV tatsächlich unterstellt sind. Dazu gibt es verschiedene Möglichkeiten; zwei davon sind in der Praxis von Bedeutung, nämlich: **Verbandsmitgliedschaft beider Parteien** (beide Parteien sind Mitglied der Verbände, die den GAV abgeschlossen haben) oder **Allgemeinverbindlicherklärung** eines GAV durch **Bund oder Kantone** (die Behörden können die Geltung eines GAV auf eine gesamte Branche ausdehnen).

3.2.4 Betriebsordnung

Die Betriebsordnung regelt die **Gesundheitsvorsorge** und **Unfallverhütung** sowie die allgemeine **Ordnung im Betrieb** (v. a. die betrieblichen Disziplinarmassnahmen wie Verweise, Bussen etc.). Im Unterschied zum Firmenreglement gilt die Betriebsordnung automatisch, also auch ohne Zustimmung des Arbeitnehmers. Sie spielt in der Schweiz **nur eine kleine Rolle,** nämlich **vor allem in industriellen Betrieben,** für die sie obligatorisch ist.

Hinweis

Rangordnung der Rechtsquellen:

Bei der Vielzahl der Rechtsquellen im Arbeitsrecht kommt es immer wieder vor, dass diese ein Problem auf unterschiedliche Weise regeln. Dann gilt folgende Rangordnung:

1. **Zwingende Bestimmungen der Gesetze**
2. **Gesamtarbeitsverträge**
3. **Betriebsordnung**
4. **Abmachungen des EAV** (allenfalls mit Firmenreglement)
5. **Dispositives Gesetzesrecht des OR**

Die Ausnahme von der Rangordnung ist das **Günstigkeitsprinzip.** Die Rechtsquellen des Arbeitsrechts wollen zur Hauptsache die schwächere Partei, d. h. den Arbeitnehmer, schützen. Deshalb wäre es geradezu widersinnig, wenn die Rangordnung der Rechtsquellen eine für den Arbeitnehmer günstigere Regelung ausschliessen würde.

Nach dem Günstigkeitsprinzip gehen untergeordnete Rechtsquellen vor, wenn sie für den **Arbeitnehmer vorteilhafter sind.** Das Günstigkeitsprinzip gilt nicht für absolut zwingende Bestimmungen (vgl. OR 361) und für dispositive Bestimmungen, wenn im Arbeitsvertrag etwas davon Abweichendes abgemacht ist.

3.3 Merkmale und Abschluss des Einzelarbeitsvertrags

3.3.1 Merkmale des Einzelarbeitsvertrags

OR 319 sieht beschreibt den EAV mit vier Merkmalen.

[3-3] Die vier Merkmale des Arbeitsvertrags

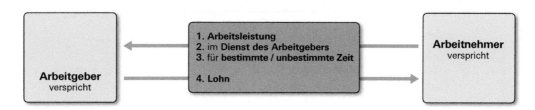

Arbeitsleistung

Der Arbeitnehmer verpflichtet sich zur **Leistung von Arbeit.** Er schuldet keinen Arbeitserfolg, sondern das Zurverfügungstellen seiner Arbeitskraft während der vereinbarten Arbeitszeit (OR 321). Die Arbeitsleistung ist die Hauptpflicht des Arbeitnehmers.

Der Arbeitnehmer steht im Dienst des Arbeitgebers (Unterordnung)

«Im Dienst stehen» heisst: Der Arbeitnehmer ist dem Arbeitgeber **untergeordnet** und muss dessen **Anweisungen** zum Verhalten am Arbeitsplatz und zur Arbeit befolgen (OR 321d). Dadurch unterscheidet sich der Einzelarbeitsvertrag (EAV) von den anderen Verträgen auf Arbeitsleistung. Wer aufgrund eines Werkvertrags (OR 363 ff.) oder eines Auftrags (OR 394 ff.) Arbeit leistet, tut dies als Selbstständigerwerbender.

Bestimmte oder unbestimmte Zeit

Der Arbeitsvertrag ist auf bestimmte oder unbestimmte Zeit abgeschlossen.

* Ist er auf bestimmte Zeit abgeschlossen, so spricht man von einem **befristeten,**
* ist er auf unbestimmte Zeit abgeschlossen, von einem **unbefristeten** Arbeitsverhältnis.

Beim unbefristeten Arbeitsvertrag endet das Arbeitsverhältnis erst, wenn eine der Parteien es kündigt. Unerheblich ist dagegen, ob ein Arbeitnehmer Voll- oder nur Teilzeit arbeitet. Auch **Teilzeitarbeitsverhältnisse** werden wie normale Arbeitsverhältnisse behandelt (OR 319 II).

Lohn

Der Lohn ist die **Gegenleistung** des Arbeitgebers (OR 322 ff.). Der Arbeitsvertrag ist immer entgeltlich!

Beispiel

Melanie Rölli ist als Möbelschreinerin angestellt.

- **Arbeitsleistung:** Ihre Arbeitszeit beträgt 42 Stunden pro Woche. Während dieser Zeit muss sie ihre Arbeitskraft zur Verfügung stellen. Wie viele Möbel sie in einer Woche herstellt, spielt keine Rolle. Es genügt, wenn sie während der Arbeitszeit anwesend ist und ihrer Arbeit nachgeht.
- **Zeit:** Wenn nichts anderes abgemacht ist, handelt es sich um ein unbefristetes Arbeitsverhältnis. Es dauert so lange, bis eine Partei es auflöst. Wenn die Dauer festgelegt ist, handelt es sich um ein befristetes Arbeitsverhältnis. Dieses endet automatisch mit Ablauf der vereinbarten Frist.
- **Unterordnung:** Als Arbeitnehmerin steht Frau Rölli im Dienst ihres Arbeitgebers. Sie kann nicht selbst bestimmen, wann sie welche Arbeit wie erledigt. Sie ist ihrem Arbeitgeber untergeordnet. Dieser weist ihr Arbeit zu und kann ihr auch Anweisungen bezüglich der Ausführung derselben geben.
- **Lohn:** Der Lohn ist die Gegenleistung des Arbeitgebers.

3.3.2   Entstehung des Arbeitsvertrags

Für das Zustandekommen des EAV gelten die vier Voraussetzungen **Einigung** der Parteien, **Vertragsfähigkeit** der Parteien, Einhaltung der **Formvorschriften,** zulässiger **Vertragsinhalt.**

Einigung der Parteien

Die Hauptpflichten im EAV sind: **Arbeitsleistung** und **Lohnzahlung;** mindestens darüber müssen sich die Parteien einigen. Das kann stillschweigend geschehen. Es genügt, wenn der Arbeitnehmer die Arbeit beim Arbeitgeber aufnimmt und nach Treu und Glauben davon auszugehen ist, dass diese nur gegen Lohn verrichtet wird (OR 320 II). Fehlt eine Abmachung über den Lohn, ist der Lohn geschuldet, der für die betreffende Arbeit üblich ist (OR 322 I).

Alle anderen Pflichten, die im Arbeitsverhältnis bestehen, sind **Nebenpflichten,** über die sich die Parteien nicht unbedingt einigen müssen. Fehlt eine Einigung, dann gelten die gesetzlichen oder allenfalls gesamtarbeitsvertraglichen Regelungen.

Vertragsfähigkeit der Parteien

Es gelten die allgemeinen Grundsätze.

Formvorschriften im Arbeitsvertragsrecht

Ein EAV kann **formfrei** abgeschlossen werden. Es genügt also eine mündliche, ja sogar stillschweigende Abmachung. In bestimmten Fällen verlangt das Gesetz für den ganzen Vertrag oder für einzelne Vertragsklauseln die **Schriftform:**

- Schriftform **für den ganzen Vertrag** verlangt das Gesetz beim **Lehrvertrag** und beim **Handelsreisendenvertrag.**
- Schriftform für **einzelne besonders bedeutungsvolle Vertragsabreden:** Das OR möchte damit sicherstellen, dass sich die Parteien genau überlegen, ob sie sich auf die betreffende Klausel einlassen wollen. Zwei wichtige Beispiele:
  - Ein **Konkurrenzverbot des Arbeitnehmers** nach Beendigung des Arbeitsverhältnisses kann nur schriftlich abgeschlossen werden (OR 340);
  - eine vom Gesetz abweichende Regelung der **Überstundenvergütung** ebenfalls (OR 321c III).

Hinweis

Informationspflicht des Arbeitgebers nach OR 330b

OR 330b verlangt eine schriftliche Mitteilung von bestimmten Vertragspunkten durch den Arbeitgeber. Dieser muss den Arbeitnehmer spätestens einen Monat nach Beginn des Arbeitsverhältnisses über die folgenden Punkte schriftlich informieren: Die Namen der Vertragsparteien, das Datum des Beginns des Arbeitsverhältnisses, die Funktion des Arbeitnehmers, den Lohn samt Lohnzuschlägen und die wöchentliche Arbeitszeit. Ebenso müssen Änderungen dieser Vertragselemente während des Arbeitsverhältnisses spätestens einen Monat, nachdem sie wirksam geworden sind, dem Arbeitnehmer wiederum schriftlich mitgeteilt werden.

Die Bestimmung von OR 330b wurde als flankierende Massnahme zum Personenfreizügigkeitsabkommen zwischen der Schweiz und der EU eingeführt. Durch die schriftliche Bestätigung der wesentlichen Vertragspunkte soll Transparenz geschaffen werden, damit ein allfälliges Sozialdumping des Arbeitgebers leichter erkannt und bewiesen werden kann.

Zulässiger Vertragsinhalt

Für den EAV gilt das Prinzip der **Vertragsfreiheit.** Jeder Vertragsinhalt ist zulässig, solange er nicht widerrechtlich, unsittlich oder (objektiv) unmöglich ist (OR 20).

Unsittliche oder unmögliche Arbeitsverträge sind relativ selten. Deshalb interessiert uns hier nur die **Widerrechtlichkeit,** also der **Verstoss gegen zwingendes Recht.**

Denken Sie an die beiden Besonderheiten des Arbeitsrechts: Nicht nur **Gesetzesbestimmungen,** sondern auch **Gesamtarbeitsverträge** können zwingende Bestimmungen enthalten.

[3-4]   Die Schranken der Vertragsfreiheit im Arbeitsvertragsrecht

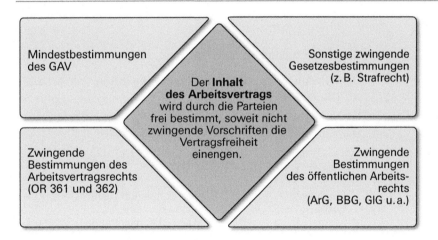

Verstösse gegen zwingendes Recht führen i. d. R. zur Nichtigkeit des Vertrags. Meistens liegt bei Arbeitsverträgen nur **Teilnichtigkeit** vor, weil der überwiegende Teil des Vertrags vollkommen in Ordnung ist. Daher bleibt in solchen Fällen der Vertrag bestehen und nur die ungültigen Klauseln fallen dahin (vgl. OR 20 II).

Beispiel

Der EAV der Teamleiterin Ellen Korner enthält folgende Klausel: «Für allfällige Absenzen wegen Schwangerschaft schuldet der Arbeitgeber keinen Lohn.» Diese Abrede verstösst gegen die relativ zwingende Bestimmung von OR 324a III. Hier liegt Teilnichtigkeit des Vertrags vor. Die Klausel ist ungültig, weil rechtswidrig; der Rest des Vertrags bleibt aber bestehen.

Für die Beantwortung eines arbeitsrechtlichen Problems gibt es **fünf Rechtsquellen**:

Rechtsquelle	Beschreibung
Einzelarbeits-vertrag (EAV)	Vertrag zwischen dem Arbeitgeber und dem Arbeitnehmer, die frei vereinbaren, wie ihr Arbeitsverhältnis ausgestaltet sein soll. Gebunden sind sie allerdings durch die zwingenden Bestimmungen der Gesetze und die Mindestarbeitsbedingungen der Gesamtarbeitsverträge.
Gesetze	Das Obligationenrecht / OR (Privatrecht) regelt in Art. 319–362 den Einzel-arbeitsvertrag. Seine Bestimmungen sind teils dispositiv, teils relativ zwingend und teils absolut zwingend: • Dispositive Normen können die Vertragsparteien beliebig abändern. Sie gelten nur, wenn nichts anderes vereinbart ist. • Relativ zwingende Normen dürfen nur zugunsten, nicht aber zuun-gunsten des Arbeitnehmers geändert werden (Katalog von OR 362). • Absolut zwingende Normen dürfen überhaupt nicht geändert werden (Katalog von OR 361). Das Arbeitsgesetz / ArG (öffentliches Arbeitsrecht) stellt zwingende Bestimmungen auf über Höchstarbeits- und Ruhezeit, Nachtarbeit, Sonntagsarbeit, Gesundheitsvorsorge, Sicherheit am Arbeitsplatz usw.
Gesamtarbeits-vertrag (GAV)	Verträge zwischen Arbeitnehmerverbänden (Gewerkschaften) und Arbeitgeberverbänden bzw. Arbeitgebern. Die darin enthaltenen Mindestarbeitsbedingungen sind relativ zwingend.
Firmenreglement	Die vom Arbeitgeber aufgestellten allgemeinen Arbeitsbedingungen werden zum Vertragsbestandteil, wenn der Arbeitnehmer ihnen beim Vertragsabschluss zustimmt.
Betriebsordnung	Die Betriebsordnung regelt normalerweise die Gesundheitsvorsorge, die Unfallverhütung und das Disziplinarwesen (Betriebsbussen und Strafen). Sie gilt auch ohne Zustimmung des Arbeitnehmers.

Der **Einzelarbeitsvertrag** (EAV) zeichnet sich durch **vier** Merkmale aus (OR 319):

1. Der Arbeitnehmer verpflichtet sich zur **Leistung von Arbeit**.
2. Als **Gegenleistung** verpflichtet sich der Arbeitgeber, **Lohn** zu zahlen.
3. Der Arbeitnehmer stellt sich **in den Dienst** des Arbeitgebers.
4. Der Arbeitsvertrag ist ein **Dauerschuldverhältnis**.

Ein gültiger EAV kommt zustande, wenn **vier Voraussetzungen** erfüllt sind:

1.	**Einigung der Parteien**	• Die Parteien müssen sich über die Hauptpflichten **Arbeit und Lohn** einigen. • Die Nebenpflichten fasst man unter der **Treuepflicht** (Arbeitnehmer) und der **Fürsorgepflicht** (Arbeitgeber) zusammen. Die Parteien können darüber Abreden treffen, sie müssen aber nicht.
2.	**Vertragsfähigkeit**	Bedingte Urteilsfähigkeit und Volljährigkeit
3.	**Einhaltung der Formvorschriften**	• **Grundsatz:** Der EAV kommt **formfrei** zustande, d. h., die mündliche oder stillschweigende Abrede genügt. • **Ausnahmen:** Lehrvertrag und Handelsreisendenvertrag müssen schriftlich abgeschlossen werden. Für einzelne Ab-reden ist Schriftlichkeit verlangt (z. B. Konkurrenzverbot).
4.	**Zulässiger Vertragsinhalt**	• **Kein rechtswidriger, unmöglicher oder sittenwidriger** Vertragsinhalt. Rechtswidrig sind Abreden, die gegen absolut zwingende Bestimmungen des OR verstossen oder die zuungunsten des Arbeitnehmers gegen zwingende Bestimmungen anderer Gesetze, eines GAV oder relativ zwingende Bestimmungen des OR verstossen. • In der Regel führen rechtswidrige Vereinbarungen zur **Teilnichtigkeit.** Leistet der Arbeitnehmer gutgläubig Arbeit in einem nichtigen Arbeitsverhältnis, erhält er dennoch Lohn (faktisches Arbeitsverhältnis).

Repetitionsfragen

9   Inwiefern ist die Vertragsfreiheit im Arbeitsrecht eingeschränkt?

10   Was bedeutet es, wenn man sagt, eine Gesetzesnorm sei zwingend oder dispositiv?

11   Nach OR 320 I muss ein Arbeitsvertrag nur dann schriftlich abgeschlossen werden, wenn das Gesetz dies vorschreibt. In den folgenden Artikeln sind für Sie wichtige Formvorschriften enthalten. Geben Sie jeweils mit ein bis zwei Stichworten an, worum es in den genannten Artikeln geht.

OR 321c III   OR 340 I   OR 344a I

12   X, selbstständiger Softwareentwickler, zu Y, Informatikstudent: «Du, ich hätte einen super Ferienjob für dich als Webdesigner.» Y zu X: «Einverstanden, ich fange morgen an.»

Ist hier ein Arbeitsvertrag entstanden? Prüfen Sie die vier Voraussetzungen, die erfüllt sein müssen.

4 Die Pflichten des Arbeitnehmers

Lernziele: Nach der Bearbeitung dieses Kapitels können Sie ...

- die Hauptpflichten und die Nebenpflichten des Arbeitnehmers aufzählen.
- zeigen, was, wie lange und wie der Arbeitnehmer arbeiten muss, um seine Arbeitspflicht richtig zu erfüllen.
- die wichtigsten Nebenpflichten des Arbeitnehmers erläutern, d. h., die Grundsätze der Überstundenpflicht, der Zulässigkeit von Nebenbeschäftigungen der Geheimhaltungspflicht sowie der Rechenschafts- und Herausgabepflicht erklären.
- Rechtsansprüche der Arbeitgeber bei Pflichtverletzungen des Arbeitnehmers erklären.

Schlüsselbegriffe: Arbeitspflicht, Herausgabepflicht, Höchstarbeitszeit, Konkurrenzverbot, Nebenbeschäftigung, Pflichtenheft, Rechenschaftspflicht, Schwarzarbeit, Sorgfaltspflicht, Treuepflicht, Überstundenarbeit, Überzeitarbeit, Weisung

Der Arbeitnehmer muss arbeiten. Die **Arbeitspflicht** ist seine Hauptpflicht. Daneben hat der Arbeitnehmer ein ganzes Bündel von Nebenpflichten. Man nennt sie **Treuepflichten.** Zu ihnen zählen: Das Verbot von treuewidrigen Nebenbeschäftigungen, die Geheimhaltungspflicht, die Rechenschafts- und Herausgabepflicht oder die Pflicht zu Überstundenarbeit.

4.1 Arbeitspflicht – Hauptpflicht des Arbeitnehmers

Ein Arbeitnehmer muss arbeiten! **Welche** Arbeiten muss er überhaupt verrichten? **Wann** und **wie lange** muss er arbeiten? **Wie gut** und **wie sorgfältig** muss er arbeiten?

4.1.1 Inhalt der Arbeitsleistung

Der Arbeitnehmer muss die Arbeiten verrichten, zu denen er sich im Arbeitsvertrag verpflichtet hat. Meistens wird die Arbeit im EAV aber nur pauschal umschrieben mit einer Funktionsbezeichnung wie etwa «Sachbearbeiterin Zahlungsverkehr», «Hauswart», «Marketingleiterin» usw. In der Praxis bedeutet das dann, dass der Arbeitnehmer alle Arbeiten verrichten muss, die man in diesem **Beruf,** in dieser **Branche und Stellung normalerweise ausführen** muss.

Um Auseinandersetzungen zu verhindern, kennen viele Unternehmen **Pflichtenhefte** (job description), in denen die Aufgaben jeder Stelle detailliert beschrieben werden. Das Pflichtenheft ist ein typischer Fall von **allgemeinen Arbeitsbedingungen.** Es gilt nicht einfach von sich aus, sondern nur, wenn es zum **Bestandteil des Vertrags** gemacht wird. Dazu muss im EAV zumindest darauf verwiesen werden, z. B. mit der Klausel: «Der Aufgabenbereich des Arbeitnehmers ist in einem Pflichtenheft speziell geregelt. Das Pflichtenheft ist Bestandteil dieses Vertrags.»

Innerhalb des Pflichtenkreises kann der Arbeitgeber bestimmen, **wann** der Arbeitnehmer **welche** Arbeiten **wie** zu erledigen hat, und zwar aufgrund seines **Weisungsrechts** (OR 321d).

4.1.2 Arbeitszeit und -dauer

Das Problem der Arbeitszeit hat zwei Seiten: **Wie viele Stunden** muss man arbeiten und **wann genau** muss man die geschuldeten Arbeitsstunden leisten?

Die **Arbeitsdauer** hängt von der Abmachung im EAV ab. Wichtig ist hier allerdings das Arbeitsgesetz, das detaillierte Bestimmungen über **Höchstarbeitszeiten** enthält, auf die wir hier nicht eingehen.

Auch die Verteilung der Arbeitszeit auf die **Wochentage** können die Parteien im Arbeitsvertrag regeln, wobei das Arbeitsgesetz die Vertragsfreiheit mit Bestimmungen zur **Nacht-** und **Sonntagsarbeit, Freitagen, Überzeitarbeit** usw. beschränkt.

Hinweis

Im Normalfall wird heute die wöchentliche Arbeitszeit **gleichmässig** auf fünf Arbeitstage verteilt (Fünftagewoche). In bestimmten Betrieben, etwa im Verkauf, im Gastgewerbe oder in der Landwirtschaft, kommt aber auch die Sechstagewoche vor. Und noch häufiger sind andere Aufteilungen (z. B. Abendverkauf oder Teilzeitarbeit). Haben die Parteien gar **nichts abgemacht,** so gilt die im Betrieb für die entsprechende Aufgabe übliche Verteilung der Arbeitszeit.

Eine weitere Frage ist die Festlegung des **täglichen Arbeitsbeginns bzw. -endes.** Hier spielen natürlich die betrieblichen Bedürfnisse eine grosse Rolle, weshalb sich der Arbeitgeber meistens das Recht einräumt, Arbeitsbeginn und -ende **einseitig festzulegen.** Das ArG setzt aber Schranken für den frühest zulässigen Arbeitsbeginn bzw. das spätestens zulässige Arbeitsende, wobei diese von Branche zu Branche variieren.

4.1.3 Sorgfaltspflicht

Wo gearbeitet wird, passieren Fehler. Nun fragt sich, von welchem Moment an der Arbeitnehmer für diese Fehler verantwortlich gemacht werden kann.

Das OR verlangt, dass der Arbeitnehmer **sorgfältig arbeitet** (OR 321a I und II sowie OR 321e). Das bedeutet zweierlei: Der Arbeitnehmer muss die ihm übertragene Arbeit unter **vollem Einsatz** seiner Kräfte, mit bester Anstrengung und Konzentration ausführen; er hat dabei die **Weisungen** des Arbeitgebers genau zu beachten (OR 321a I erster Halbsatz). Und: Er muss die **Arbeitsgeräte** des Arbeitgebers fachgerecht bedienen sowie das **Arbeitsmaterial** sorgfältig behandeln (OR 321a II).

OR 321e legt das **Sorgfaltsmass** für die Arbeitsleistung fest. Danach kommt es auf zwei Voraussetzungen an,

1. die **Art des Arbeitsverhältnisses** und
2. die **Fähigkeiten und Eigenschaften des Arbeitnehmers,** soweit sie der Arbeitgeber kennt oder kennen sollte.

[4-1]   Sorgfaltsmass (OR 321e)

Das Sorgfaltsmass wird bestimmt durch:	
1. Art des Arbeitsverhältnisses	2. Fähigkeiten und Eigenschaften des Arbeitnehmers

Art des Arbeitsverhältnisses: Ein Arbeitnehmer muss so sorgfältig arbeiten, wie man es von einem Arbeitnehmer für die betreffende Arbeit verlangen kann. Das Gesetz setzt hier also einen **objektiven Massstab** an. Die Frage lautet: Kann man die für die Vermeidung des Fehlers nötige Sorgfalt von einer durchschnittlichen Person in diesem Beruf und in dieser Stellung verlangen?

Fähigkeiten und Eigenschaften des Arbeitnehmers: Hier geht es um einen **subjektiven Massstab.** Die Frage lautet: Kann man die für die Vermeidung eines Fehlers nötige Sorgfalt von gerade diesem Arbeitnehmer verlangen? Allerdings kommt der subjektive Massstab **nur** zur Anwendung, wenn der Arbeitgeber die betreffenden Eigenschaften und Fähigkeiten des Arbeitnehmers **gekannt** hat oder bei genauer Prüfung hätte kennen sollen. Dann nimmt er nämlich in Kauf, einen unterqualifizierten Arbeitnehmer zu beschäftigen, und dafür soll **er** geradestehen und nicht der betroffene Arbeitnehmer.

Beispiel

- Art des Arbeitsverhältnisses: Ein Anlageberater muss so sorgfältig arbeiten, wie das von einem durchschnittlichen Anlageberater erwarten darf. Der Vorgesetzte des Anlageberaters muss so sorgfältig arbeiten, wie man es von einem durchschnittlichen Vorgesetzten erwarten darf usw. – Ausdrücklich erwähnt wird in OR 321e II das Berufsrisiko, wie z. B. wenn eine Kellnerin in der Eile einmal Geschirr fallen lässt oder ein Chauffeur im Stadtverkehr einen kleineren Unfall mit Blechschaden hat. Für diese typischen Berufsrisiken hat ein Arbeitnehmer nicht einzustehen.
- Fähigkeiten und Eigenschaften des Arbeitnehmers: Weiss der Personalchef aufgrund der Arbeitszeugnisse, dass die Anlageberaterin X ab und zu ausfällig wird, wenn Kunden ihren Rat nicht annehmen wollen, so schränkt das den Umfang der Sorgfaltspflicht ein.

4.2 Die Treuepflicht – ein Bündel von Nebenpflichten

Mit der Arbeitsleistung ist es im Arbeitsverhältnis nicht getan. Der Arbeitnehmer ist dem Arbeitgeber darüber hinaus zu **Solidarität und Loyalität** verpflichtet. Das ergibt sich aus dem Vertrauensverhältnis zwischen den beiden Vertragsparteien. In den meisten Fällen arbeiten sie über längere Zeit zusammen und erfahren vertrauliche Dinge voneinander (neben beruflichen auch persönliche). Der Arbeitnehmer hat deshalb ein ganzes Bündel weiterer Pflichten, die nicht direkt mit der Arbeitsleistung zusammenhängen.

Die vom Arbeitnehmer geforderte Loyalität und Solidarität hängt stark von den Umständen des Einzelfalls ab. Aus diesem Grund formuliert OR 321a I die Treuepflicht ganz allgemein: Der Arbeitnehmer hat die berechtigten Interessen des Arbeitgebers zu wahren, soweit es ihm zumutbar ist. Man spricht hier von der **allgemeinen Treuepflicht.**

Daneben regelt das OR vier besonders wichtige Fälle der Treuepflicht ausdrücklich. Man bezeichnet sie als **besondere Treuepflichten.**

- **Verbot der Schwarzarbeit** (OR 321a III),
- **Geheimhaltungspflicht** (OR 321a IV),
- **Rechenschafts- und Herausgabepflicht** (OR 321b) und
- **Pflicht zur Leistung von Überstunden** (OR 321c).

4.2.1 Nebenbeschäftigung und Verbot der Schwarzarbeit (OR 321a III)

Viele Arbeitnehmer haben neben ihrer eigentlichen Arbeit eine **Nebenbeschäftigung** – oft eine entgeltliche, manchmal auch eine unentgeltliche (z. B. Vereinstätigkeit). Das geht den Arbeitgeber grundsätzlich nichts an. Nebenbeschäftigungen – entgeltliche oder unentgeltliche – sind also grundsätzlich **zulässig.** Der Arbeitnehmer ist nicht verpflichtet, sie dem Arbeitgeber mitzuteilen oder ihn gar um Erlaubnis zu fragen.

Nebenbeschäftigungen sind in drei Fällen **verboten:**

- **Nebenbeschäftigungsverbot** im EAV, Firmenreglement oder GAV.
- **Überschreitung der Höchstarbeitszeit** des ArG durch Haupt- und Nebenbeschäftigung (für Arbeitnehmer, die dem ArG unterstehen).
- **Verstoss gegen die Treuepflicht,** weil die Nebenbeschäftigung berechtigte Interessen des Arbeitgebers berührt.

[4-2]   Zulässigkeit von Nebenbeschäftigung

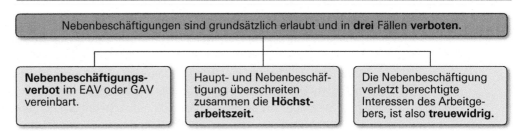

Wichtigster Anwendungsfall einer treuewidrigen Nebenbeschäftigung ist die **Schwarzarbeit.** Man versteht darunter die **entgeltliche** Nebenbeschäftigung, die den Arbeitgeber **konkurrenziert** (OR 321a III). Konkurrenz liegt vor, wenn der Arbeitnehmer selbstständig oder für einen anderen Arbeitgeber eine gleiche oder ähnliche Leistung an den gleichen Kundenkreis erbringt und wenn dadurch die Möglichkeit besteht, dass der Arbeitgeber finanziell erheblich geschädigt wird.

Beispiel   Eine Coiffeuse bedient an ihren zwei freien Wochentagen Kundinnen in ihrer Privatwohnung, die sich im gleichen Quartier befindet wie der Salon ihrer Arbeitgeberin. Das ist eine treuewidrige Konkurrenzierung. Zulässig ist sie nur mit ausdrücklicher Einwilligung der Arbeitgeberin.

Ein Verstoss gegen die Treuepflicht liegt auch vor, wenn die Nebenbeschäftigung die **Leistungsfähigkeit** des Arbeitnehmers herabsetzt, sodass dieser an seinem Arbeitsplatz nicht mehr die volle Leistung erbringt.

Beispiel   Eine Sachbearbeiterin erledigt drei Abende in der Woche bis spät in die Nacht hinein die Korrespondenz ihres Freunds und macht dann am nächsten Tag überdurchschnittlich viele Fehler.

4.2.2   Geheimhaltungspflicht (OR 321a IV)

Durch die tägliche Arbeit in einem Betrieb erlangt ein Arbeitnehmer Kenntnisse über Dinge, die nicht für die Öffentlichkeit bestimmt sind, z. B. über Fabrikations- und Geschäftsgeheimnisse, über den Kundenstamm oder auch über die persönlichen Verhältnisse seines Arbeitgebers. OR 321a IV verlangt, dass der Arbeitnehmer solche Geheimnisse weder **selbst verwertet noch Dritten mitteilt.**

Die Geheimhaltungspflicht gilt auch **nach Beendigung des Arbeitsverhältnisses.**

4.2.3   Rechenschafts- und Herausgabepflicht (OR 321b)

Der Arbeitnehmer muss dem Arbeitgeber **Rechenschaft** ablegen über alle Ausgaben und Einnahmen, die im Zusammenhang mit der Arbeit entstehen, und er muss ihm seine **Arbeitserzeugnisse herausgeben** sowie alles, was er **von Dritten** für den Arbeitgeber erhalten hat (Waren und Geld, aber auch Informationen, die für den Arbeitgeber wichtig sein könnten).

4.2.4 Pflicht zu Überstundenarbeit (OR 321c)

Im EAV verspricht der Arbeitnehmer seine Arbeitskraft für die vereinbarte Stundenzahl. Er hat deshalb seine vertragliche Pflicht erfüllt, wenn er während dieser Stundenzahl gearbeitet hat. Nun sieht aber das OR vor, dass der Arbeitnehmer ausnahmsweise auch mehr arbeiten muss, kurz: In Ausnahmesituationen ist der Arbeitnehmer zu Überstunden verpflichtet. Wann solche Ausnahmesituationen vorliegen, ist in OR 321c I absolut zwingend definiert. Überstunden müssen geleistet werden, wenn sie **betrieblich notwendig** und **zumutbar** sind.

- **Betriebliche Notwendigkeit:** Zulässig sind Überstunden nur in sachlich begründeten Ausnahmesituationen, um den **normalen Betrieb aufrechtzuerhalten** oder Verpflichtungen des Unternehmens **gegenüber Kunden** zu erfüllen. Nicht betriebsnotwendig und unzulässig sind Überstunden dagegen, wenn eine Arbeit ohne grössere Schwierigkeiten während der Normalarbeitszeit der folgenden Tage erledigt werden könnte oder wenn der Arbeitgeber chronisch mit zu geringem Personalbestand arbeitet.
- **Zumutbarkeit von Überstunden:** Selbst notwendige Überstunden kann der Arbeitnehmer ablehnen, wenn sie für ihn unzumutbar sind. Das ist der Fall, wenn sie seine Leistungsfähigkeit übersteigen oder wenn die privaten Interessen des Arbeitnehmers auf Freizeit höher einzuschätzen sind als das Arbeitgeberinteresse an Überstunden.

Für alle Arbeitnehmer, die dem ArG unterstehen, gibt es eine weitere Grenze: die **Höchstarbeitszeit**. Sie beträgt je nach Beruf oder Branche 45 bzw. 50 Stunden pro Woche. Grundsätzlich dürfen Überstunden die Höchstarbeitszeit nicht überschreiten. Allerdings ist auch die Höchstarbeitszeit keine absolute Grenze. Mit recht komplizierten Regeln legt das ArG fest, in welchem Umfang sie überschritten werden darf. Man spricht dann von **Überzeitarbeit**. Es besteht also ein Unterschied zwischen **Überstunden** und **Überzeit**.

[4-3]   Überstunden / Überzeit

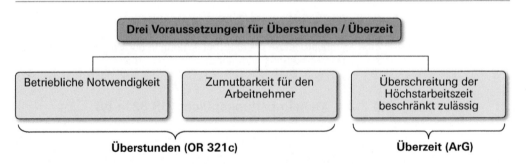

Beispiel

Christine Werlen arbeitet als Sekretärin bei einer Versicherung. In ihrem Arbeitsvertrag wurde die 40-Stunden-Woche vereinbart. Als Büroangestellte untersteht sie dem Arbeitsgesetz, das für sie die 45-Stunden-Woche als Höchstarbeitszeit vorschreibt. **Überstunden im Sinne von OR 321c sind:** Die Differenz zwischen der vertraglich vereinbarten Arbeitszeit (40-Stunden-Woche) und der Höchstarbeitszeit (45-Stunden-Woche), d. h. also maximal 5 Stunden pro Woche. Darüber hinausgehende «Überstunden» sind **Überzeit**.

A Entschädigung für Überstunden

Nach OR 321c III hat der Arbeitnehmer für jede geleistete Überstunde Anspruch auf den **gewöhnlichen Lohn mit einem Zuschlag von 25%** (auf Stundenlohn umgerechnet). Eine Variante zur Überstundenvergütung ist die **Überstundenkompensation.** Die Parteien können mündlich oder schriftlich vereinbaren, dass Überstunden mit mindestens gleich langer Freizeit kompensiert werden (OR 321c II).

Durch **schriftliche Abmachung** oder auch durch GAV-Bestimmung kann die Überstundenvergütung **reduziert** oder sogar ganz **ausgeschlossen** werden. Sie haben richtig gelesen! Eine Vereinbarung, dass der Arbeitnehmer für geleistete Überstunden weder Freizeitkompensation noch eine Vergütung erhält, ist zulässig, sofern sie schriftlich erfolgt.

Hinweis
- Die Kompensation kann nur verlangt werden, wenn dies vereinbart ist. Es ist also nicht so, dass der Arbeitnehmer zwischen Auszahlung und Kompensation wählen kann.
- In der Regel sehen die Abmachungen nicht einen vollständigen Ausschluss der Überstundenvergütung vor, sondern bloss eine Reduktion. Häufig sind folgende Abmachungen: genereller Ausschluss des Überstundenzuschlags von 25% oder des Überstundenzuschlags für die ersten 10 Stunden pro Monat.

Leitende Angestellte haben grundsätzlich **keinen Anspruch auf Überstundenvergütung** und sie unterstehen nicht den Regeln des ArG für Überzeitarbeit. Bei ihnen gehören Überstunden zur verantwortungsvollen Stellung. Dafür können sie ihre Arbeitszeit freier einteilen und erhalten ein höheres Salär.

B   Entschädigung für Überzeitarbeit im Sinne des ArG

Unsere bisherigen Ausführungen gelten für die Überstundenarbeit im Sinne von OR 321c. Untersteht ein Arbeitnehmer dem ArG, so gelten auch die Entschädigungsregeln des ArG, sobald die Höchstarbeitszeit überschritten wird. Das ArG legt fest, dass für Überzeitarbeit der gewöhnliche Lohn und ein Zusatz von 25% geschuldet ist. Diese Vorschrift ist zwingend, für Büropersonal, technisches Personal und Verkaufspersonal in Grossunternehmen allerdings erst ab 60 Überzeitstunden pro Jahr (vgl. ArG 13 I). Zulässig ist auch die Kompensation mit Freizeit von mindestens gleicher Dauer.

4.3   Pflichtverletzungen des Arbeitnehmers

Wenn der Arbeitnehmer seine Arbeitspflicht oder eine Treuepflicht verletzt, kann der Arbeitgeber Rechtsansprüche aus Verletzung des Arbeitsvertrags geltend machen. Die Juristen unterscheiden zwei Fallgruppen, die **Nichterfüllung** und die **Schlechterfüllung** des Arbeitsvertrags.

4.3.1   Nichterfüllung und Schlechterfüllung – Vertragsverletzungen

Eine **Nichterfüllung** des Arbeitsvertrags liegt vor, wenn der Arbeitnehmer **überhaupt nicht oder zu wenig lang arbeitet,** d. h., wenn er seine Hauptpflicht, die Arbeitspflicht, nicht im versprochenen Umfang ausübt.

Beispiel
Typische Fälle von Nichterfüllung sind:
- Der Mitarbeiter erscheint nicht zur Arbeit mit der Begründung, er sei krank, ohne tatsächlich krank zu sein.
- Eine Mitarbeiterin tritt ihre neue Stelle gar nicht erst an, weil sie nach Vertragsschluss einen besseren Job gefunden hat.
- Ein Mitarbeiter kommt mehrere Tage hintereinander 2–3 Stunden zu spät zur Arbeit; eine Mitarbeiterin, die keine Gleitzeit arbeiten darf, verlässt ab und zu ihren Arbeitsplatz schon um 15.30 Uhr statt erst um 17.30 Uhr.

Unter die **Schlechterfüllung** des Arbeitsvertrags fallen alle anderen Pflichtverletzungen, sei es die der Arbeitspflicht oder die der Treuepflicht. Eine Schlechterfüllung des Arbeitsvertrags liegt also vor, wenn der Arbeitnehmer zwar arbeitet, die erbrachte Arbeitsleistung aber in irgendeiner Form **mangelhaft** ist.

Beispiel

Typische Fälle von Schlechterfüllung sind:

● Der Mitarbeiter arbeitet unsorgfältig, nicht weisungsgemäss oder zu langsam.
● Die Mitarbeiterin verletzt die Treuepflicht, indem sie samstags Schwarzarbeit leistet.

Bezüglich **Verschulden des Arbeitnehmers** gelten die allgemeinen Voraussetzungen: Der Arbeitnehmer muss eine Vertragsverletzung **absichtlich** oder mindestens **fahrlässig** verursacht haben.

4.3.2   Ansprüche des Arbeitgebers bei verschuldeter Nichterfüllung

Arbeitet der Arbeitnehmer nicht oder zu wenig lange, stehen dem Arbeitgeber folgende rechtlichen Möglichkeiten offen:

● **Anspruch auf richtige Erfüllung:** Der Arbeitgeber kann – notfalls gerichtlich – verlangen, dass der Arbeitnehmer seine Arbeitspflicht erfüllt und die fehlende Zeit nachholt. In der Praxis spielt der Erfüllungsanspruch keine grosse Rolle, denn meistens lässt der Arbeitgeber die Arbeit von jemand anderem verrichten.
● **Lohnfortfall:** Anstatt die Fehlzeit nachholen zu lassen, kann der Arbeitgeber den Lohn im entsprechenden Umfang kürzen – es sei denn, der Arbeitnehmer war zur Absenz ausdrücklich berechtigt (z. B. notwendiger Arztbesuch) oder er war unverschuldet verhindert (z. B. Krankheit oder Unfall).
● **Schadenersatz:** Dem Arbeitgeber kann leicht ein **finanzieller Schaden** entstehen, wenn einer seiner Mitarbeiter nicht zur Arbeit erscheint. Diesen finanziellen **Schaden** kann der Arbeitgeber **auf den fehlbaren Mitarbeiter abwälzen**, und zwar aufgrund von OR 97 I und OR 321e I.
● **Kündigung:** Nicht selten möchte der Arbeitgeber auf die Nichterfüllung mit einer **fristlosen Kündigung** reagieren. Doch aufgepasst: Das ist nur ausnahmsweise erlaubt, dann nämlich, wenn dem Arbeitgeber die Fortführung des Arbeitsverhältnisses **nicht mehr zumutbar** ist; dazu muss aber ein Mitarbeiter seine Arbeitspflicht nicht nur einmal unentschuldigt verletzt haben, sondern mehrmals und trotz wiederholter Mahnung. Aber es steht dem Arbeitgeber natürlich frei, **ordentlich** zu **kündigen**.

4.3.3   Ansprüche des Arbeitgebers bei verschuldeter Schlechterfüllung

Hat der Arbeitnehmer zwar gearbeitet, aber unsorgfältig, nicht weisungsgemäss oder zu langsam, dann stehen dem Arbeitgeber folgende rechtlichen Möglichkeiten offen:

● **Anspruch auf richtige Erfüllung:** Der Arbeitgeber kann verlangen, dass der Arbeitnehmer seine Pflichten so erfüllt, wie er es aufgrund des Vertrags schuldet (z. B. Unterlassung von rufschädigenden Äusserungen oder von Schwarzarbeit). Eine Schlechterfüllung berechtigt aber nicht zu Lohnfortfall oder Nacharbeit.
● **Schadenersatz:** Aus Schlechterfüllung kann ein **finanzieller Schaden** entstehen.
● **Kündigung:** Es gilt das Gleiche wie bei der Nichterfüllung. Grundsätzlich muss die Arbeitgeberin ordentlich kündigen. Bei ganz krasser Pflichtverletzung, wenn die Fortführung des Arbeitsverhältnisses nicht mehr zumutbar ist, kann sie ausnahmsweise auch fristlos kündigen.

Beispiel

Der Bauingenieur A ist bei der X-Bau AG angestellt. Er macht bei der Berechnung einer Stützmauer für das Bauprojekt von Bauherrn K einen gravierenden Fehler. Die Mauer stürzt ein und verursacht bei K einen Schaden in der Höhe von CHF 350 000.–.

K macht seine Vertragspartnerin, die X-Bau AG, wegen Schlechterfüllung des Vertrags haftbar. Sofern die Voraussetzungen von OR 321e erfüllt sind, kann die X-Bau AG mindestens einen Teil des Schadens auf den Mitarbeitenden A abwälzen, der den Schaden durch seine Fehlleistung ja verursacht hat.

Die **Pflichten des Arbeitnehmers** im EAV sind:

```
                    ┌─────────────────────────────┐
                    │     Pflichten Arbeitnehmer   │
                    └─────────────────────────────┘
```

Hauptpflicht	Nebenpflicht
Arbeitspflicht	**Allgemeine Treuepflicht**
• **Inhalt** der Arbeitsleistung gemäss Arbeitsvertrag und Pflichtenheft • **Weisungsrecht** des Arbeitgebers bezüglich Arbeitsleistung • Wöchentliche **Arbeitsdauer** und Verteilung der **Arbeitszeit** auf Wochentage unter Berücksichtigung Höchstarbeitszeiten • **Sorgfaltspflicht** nach objektivem Massstab (von einer durchschnittlichen Berufsperson zu erwarten) und subjektivem Massstab (gemäss persönlichen Fähigkeiten und Eigenschaften)	Berechtigte Interessen des Arbeitgebers wahren, sofern zumutbar (Generalklausel) **Besondere Treuepflichten** • Keine treuewidrige Nebenbeschäftigung • Geheimhaltungspflicht • Rechenschafts- und Herausgabepflicht • Pflicht zu Überstundenarbeit, sofern betriebsnotwendig und zumutbar

Die Ansprüche des Arbeitgebers bei **Pflichtverletzungen des Arbeitnehmers:**

Pflichtverletzung Arbeitnehmer	Ansprüche Arbeitgeber
Nichterfüllung: Verletzung der Arbeitspflicht Der Arbeitnehmer erfüllt den Arbeitsvertrag überhaupt nicht, d. h. • erscheint nicht zur Arbeit, • kommt verspätet zur Arbeit oder • beendet die Arbeit zu früh.	• Anspruch auf **richtige Erfüllung:** Erscheinen am Arbeitsplatz • **Lohnfortfall:** kein Lohn für die fehlende Arbeitszeit • **Schadenersatz:** für finanziellen Schaden, der aus der verschuldeten Nichterfüllung entstanden ist • **Kündigung:** im Normalfall ordentliche Kündigung, fristlose Kündigung nur bei wiederholter Nichterfüllung trotz Ermahnung
Schlechterfüllung: jede andere Pflichtverletzung • Mangelhafte Arbeitsleistung (unsorgfältige Arbeit, Nichtbefolgen von Weisungen, zu langsames Arbeiten) • Verletzung der Treuepflicht	• Anspruch auf **richtige Erfüllung** • **Schadenersatz:** bedeutsam vor allem bei Verletzungen der Sorgfaltspflicht • **Kündigung:** im Normalfall ordentliche Kündigung, fristlose Kündigung nur, wenn Fortführung des Arbeitsverhältnisses unzumutbar

Repetitionsfragen

13

Mauro Principe ist als Florist in einem Blumengeschäft angestellt. Ihn ärgert sehr, dass ihm seine Chefin jeweils am Samstagabend die Reinigung des Ladenlokals überträgt. Welche Informationen müsste man einholen, um herauszufinden, ob Mauro Principe zur Reinigung verpflichtet ist?

14

In einem Stammtischgespräch zum Thema Überstundenvergütung stellt sich Folgendes heraus: A erhält bloss den Stundenlohn vergütet, B dagegen den Stundenlohn mit einem Zuschlag von 25%, C kann Überstunden mit Freizeit kompensieren und D erhält weder eine Entschädigung noch kann er kompensieren.

Welche der Überstundenregelungen ist unter welchen Voraussetzungen zulässig?

15 Beantworten Sie die folgenden beiden Fragen von Mitarbeitenden.

A] Gaby Z. erhält eine Nebenbeschäftigung angeboten, die sie ca. 20 Stunden pro Monat beschäftigt. Unter welchen Voraussetzungen darf sie die Nebenbeschäftigung annehmen?

B] Mischa von Arx arbeitet als Goldschmied in einem Atelier. Er wird mit der äusserst heiklen Reparatur eines Ohrrings betraut. Die Reparatur misslingt und der Ohrring wird dabei zerstört. Kann die Chefin Mischa von Arx dafür zur Verantwortung ziehen?

16 Heinz Blumer arbeitet bei der Bank X als Schalterbeamter. Nach einem durchzechten Wochenende erscheint er am Montagmorgen sehr müde an seinem Arbeitsplatz. Bald unterläuft ihm ein böser Fehler: Er löst einen gefälschten Check im Betrag von CHF 23 000.– ein, ohne die im bankinternen Reglement vorgesehene Prüfung vorzunehmen. Die Bank kürzt ihm daraufhin die nächsten sechs Monatslöhne um je CHF 300.– mit der Begründung, er habe seine Arbeitspflicht nicht erfüllt. Was meinen Sie dazu?

A] Hat Heinz Blumer überhaupt eine Vertragsverletzung begangen?

B] Wenn ja, was für eine: Nicht- oder Schlechterfüllung?

C] Darf der Arbeitgeber den Lohn kürzen?

D] Welche anderen Möglichkeiten stünden dem Arbeitgeber zu?

5 Die Pflichten des Arbeitgebers

Lernziele: Nach der Bearbeitung dieses Kapitels können Sie …

- die Hauptpflichten und die Nebenpflichten des Arbeitgebers aufzählen.
- zeigen, welchen Lohn und welche weiteren Entschädigungen der Arbeitgeber seinen Arbeitnehmern bezahlen muss und wann die Lohnzahlung zu erfolgen hat.
- erklären, in welchen Fällen der Arbeitgeber Lohn zahlen muss, obwohl der Arbeitnehmer wegen Krankheit oder aus anderen Gründen gar keine Arbeitsleistung erbringt.
- die wichtigsten Nebenpflichten des Arbeitgebers erläutern, d. h. zeigen, wie der Arbeitgeber die Persönlichkeit des Arbeitnehmers schützen, wie viel Freizeit und Ferien er gewähren und unter welchen Umständen er ein Arbeitszeugnis ausstellen muss.
- zeigen, welche Rechtsansprüche der Arbeitnehmer bei Pflichtverletzungen des Arbeitgebers hat.

Schlüsselbegriffe: Arbeitszeugnis, dreizehnter Monatslohn, Ferien, Freizeit, Fürsorgepflicht, Geldlohn, Gratifikation, Leistungslohn, Lohnfortzahlung, Lohnzahlung, Mindestlohn, Naturallohn, Persönlichkeitsschutz, Spesen, Zeitlohn

Hauptpflicht des Arbeitgebers ist die Bezahlung des geschuldeten **Lohns.** Daneben hat der Arbeitgeber ein ganzes Bündel von **Nebenpflichten,** die man unter der **Fürsorgepflicht** zusammenfasst.

5.1 Lohnzahlung – Hauptpflicht des Arbeitgebers

Der Arbeitgeber schuldet den Lohn, der **vertraglich vereinbart** ist (OR 322). Die Zusammensetzung des Lohns, seine Höhe, die Modalitäten der Lohnzahlung usw. sind Sache der **vertraglichen Ausgestaltung.** Allerdings setzt das Recht auch hier bestimmte Schranken zum Schutz des Arbeitnehmers.

5.1.1 Lohnarten und Lohnkomponenten

A Lohnarten

Meistens besteht der Lohn aus einer **Geld**zahlung **(Geldlohn).** Anstelle eines Geldlohns oder zusätzlich dazu können die Parteien auch irgendeine andere Leistung als Entschädigung für die Arbeitsleistung vereinbaren. Man spricht dann von einem **Naturallohn.** Die gebräuchlichsten Naturalleistungen sind: Nahrungsmittel, Kleider, Heizmaterial, Kost und Logis, Dienstwohnung oder Dienstwagen.

B Lohnkomponenten

Normalerweise ist der Lohn **Zeitlohn;** er bemisst sich nach der Zeit, die der Arbeitnehmer dem Arbeitgeber zur Verfügung stellt. Je nach der Zeiteinheit spricht man von Stunden-, Tages-, Wochen-, Monats- oder Jahreslohn.

Anstelle der Zeit kann aber auch die **individuelle Arbeitsleistung** als Bemessungsgrundlage des Lohns vereinbart werden. Man spricht dann von **Leistungslohn.** Es gibt drei Hauptanwendungsfälle:

- **Akkordlohn**
- **Provision**
- **Leistungsprämien**

Der **Akkordlohn** ist Stücklohn. Bei ihm richtet sich die Höhe des Lohns nach der geleisteten Arbeitsmenge (z. B. bemisst sich der Lohn des Schneiders Y nach der Stückzahl genähter Kleidungsstücke). Die Besonderheiten des Akkordlohns regeln OR 326 und 326a. Dort geht es vor allem um die Pflicht des Arbeitgebers, genügend Arbeit zuzuweisen und jeweils den Akkordsatz bekannt zu geben.

Die **Provision** wird für die erfolgreiche Vermittlung oder den Abschluss von Geschäften ausbezahlt. Die Lohnhöhe richtet sich nach der Anzahl und dem Wert der getätigten Geschäfte. Der Provisionsanspruch entsteht mit dem **rechtsgültigen Abschluss** des jeweiligen Geschäfts (OR 322b I). Er fällt aber nachträglich wieder dahin, wenn das Geschäft ohne Verschulden des Arbeitgebers nicht ausgeführt wird oder wenn der Geschäftspartner nicht leistet (OR 322b III).

Leistungsprämien werden für die Erreichung von bestimmten **Leistungszielen** ausbezahlt. Sie sind im OR nicht besonders geregelt. Leistungslohn liegt nur vor, wenn auf die **persönliche Leistung** des Arbeitnehmers abgestellt wird. Sobald Lohn aufgrund der Leistung eines Teams, einer Abteilung, eines Betriebs oder gar eines ganzen Unternehmens gemessen wird, liegt kein Leistungslohn vor, denn im Vordergrund steht die Leistung mehrerer und nicht die Leistung eines Einzelnen. Das ist etwa der Fall bei **Erfolgsbeteiligungen** (Umsatz- oder Gewinnbeteiligungen), deren Abrechnung in OR 322a geregelt ist.

Es ist zulässig, reinen Zeitlohn, reinen Leistungslohn oder reine Beteiligung am Geschäftserfolg zu vereinbaren. Moderne Lohnsysteme sind aber fast immer eine Kombination: Oft wird ein **Grundlohn** als Zeitlohn vereinbart; dazu kommen **Leistungskomponenten** (Akkordlohn, Provision oder Leistungsprämien) und / oder **Anteile am Geschäftserfolg** (Umsatz-, Gewinnbeteiligungen). Weitverbreitet ist zudem die **Gratifikation** bzw. der **13. Monatslohn.**

Hinweis Unter Umständen gibt es weitere Lohnbestandteile, nämlich vor allem **Zulagen.** Zulagen sind z. T. gesetzlich oder in einem GAV vorgesehen oder sie können im EAV vereinbart werden. **Gesetzlich** vorgesehen sind: Kinder- und Familienzulagen sowie in einigen Kantonen Geburts- und Ausbildungszulagen; Überstunden- bzw. Überzeitzuschläge; Zulagen für Sonntags- und Nachtarbeit. **Vertraglich** vereinbart oder in einem **GAV** vorgesehen sind etwa Teuerungs-, Schmutz-, Gefahren- oder Dienstalterszulagen.

C   Ein Sonderproblem: Gratifikation oder dreizehnter Monatslohn

In den Augen vieler Arbeitnehmer besteht kein Unterschied zwischen einer Gratifikation zu Ende des Dienstjahres und einem 13. Monatslohn. Juristisch gesehen ist das aber falsch, denn eine **Gratifikation** ist eine **freiwillige Sondervergütung,** die der Arbeitgeber nach eigenem Ermessen ausrichtet. Ein 13. Monatslohn ist dagegen eine **fest vereinbarte Zusatzvergütung** in der Höhe eines zusätzlichen Monatsgehalts und wird oft am Ende eines Geschäftsjahres ausbezahlt.

Hinweis Obwohl Gratifikationen an sich freiwillig sind, hat der Arbeitnehmer manchmal einen Anspruch darauf. Es gelten folgende Grundsätze: Eine Gratifikation ist geschuldet, sobald sie vertraglich vereinbart wurde. Das kann mündlich oder stillschweigend geschehen. Die Gerichte gehen von einer **stillschweigend vereinbarten Gratifikation** aus, sobald der Arbeitgeber sie mindestens dreimal hintereinander für denselben Grund und ohne Hinweis auf die Freiwilligkeit ausbezahlt hat. Eine andere Frage ist die Höhe. Sie kann an Bedingungen geknüpft sein (z. B. gutes Geschäftsjahr usw.).

5.1.2 Lohnhöhe und Lohnauszahlung

A Lohnhöhe

Die Parteien können die Lohnhöhe **frei** vereinbaren, es sei denn, ein GAV sehe **Mindest-löhne** vor, die nicht unterschritten werden dürfen. Daneben gibt es weitere **Einschränkungen** der Lohnfreiheit, die im Entsendungsgesetz (Bundesgesetz über die in die Schweiz entsandten Arbeitnehmerinnen und Arbeitnehmer), im Gleichstellungsgesetz sowie in den flankierenden Massnahmen zu den Bilateralen Verträgen II geregelt sind (vgl. die Bestimmungen von OR 360a–f).

B Lohnauszahlung (OR 323 sowie 323b I)

Sofern nichts anderes vereinbart (im EAV bzw. GAV) oder üblich ist, ist der Lohn **Ende des Monats** auszuzahlen (OR 323 I). Der Arbeitnehmer muss spätestens am letzten Tag des Monats über seinen Lohn verfügen können. Ist das ein Samstag, Sonntag oder Feiertag, dann gilt der nächstfolgende Wochentag als letzter Zahlungstermin (OR 78). Jeder Lohnauszahlung muss eine ausführliche **Lohnabrechnung** beiliegen (OR 323b I).

Besondere Regeln gelten für die Auszahlung von Provisionen (OR 323 II) und Gewinn- bzw. Umsatzbeteiligungen (OR 323 III).

5.1.3 Weitere Regeln im Zusammenhang mit dem Lohn

Neben den beschriebenen Regeln über den Lohn kennt das OR weitere Vorschriften:

- **Recht auf Vorschuss:** Arbeitnehmer in einem finanziellen Engpass haben ein Recht auf Vorschuss, allerdings nur in der Höhe der bereits geleisteten Arbeit (OR 323 IV).
- **Beschränkung der Verrechnung (OR 323b II):** Hat der Arbeitgeber Forderungen gegenüber dem Arbeitnehmer, ist es naheliegend, dass er diese vom Lohn abzieht (verrechnet). Damit wird dem Arbeitnehmer aber unter Umständen die Existenzgrundlage entzogen. Deshalb beschränkt OR 323b II die Verrechnung. Verrechnet werden darf nur der **über dem betreibungsrechtlichen Existenzminimum liegende Lohn:** Hat der Arbeitnehmer **absichtlich** einen Schaden verursacht, dann gilt diese Beschränkung allerdings nicht.
- **Abtretung und Verpfändung von Lohnforderungen (OR 325):** Lohnzessionen sind nur zur Sicherung von familienrechtlichen Unterhalts- und Unterstützungspflichten zulässig.
- **Lohnrückbehalt und Kaution (OR 323a und 330):** Im EAV kann ein **Lohnrückbehalt** vereinbart werden. Der Arbeitgeber behält dann von jeder Lohnauszahlung einen Teil zurück als Sicherung für allfällige Ansprüche von seiner Seite. Der Lohnrückbehalt darf höchstens 1/10 der Lohnauszahlung betragen und der gesamte Sicherungsbetrag darf höchstens einen Wochenlohn ausmachen. Etwas anderes ist die **Kaution.** Hier zahlt der Arbeitnehmer bei Dienstantritt einen vereinbarten Betrag als Sicherheit ein. OR 330 stellt Bestimmungen auf, die dem Arbeitgeber eine zweckentfremdete Verwendung der Kaution verunmöglichen sollen.
- **Spesen sind kein Lohn:** OR 327a schreibt relativ zwingend vor, dass der Arbeitgeber **sämtliche Spesen** zu übernehmen hat, denn Spesen sind kein Lohn, sondern eine Entschädigung für Aufwendungen, die der Arbeitnehmer bei der Arbeitsausübung hatte. Zwar können **Spesenpauschalen** schriftlich vereinbart werden, diese müssen aber ausreichen, um die notwendigen Auslagen zu decken. Besonders geregelt ist die Abgeltung von Autospesen (OR 327b).

5.1.4 Lohn trotz fehlender Arbeitsleistung

A Der Grundsatz «Ohne Arbeit kein Lohn» und seine Ausnahmen

Arbeitspflicht und Lohnzahlungspflicht stehen in einem gegenseitigen Austauschverhältnis. Deshalb gilt der Grundsatz **«Ohne Arbeit kein Lohn»**. Leistet der Arbeitnehmer keine Arbeit, dann muss ihm der Arbeitgeber auch keinen Lohn bezahlen. Nun gibt es aber Sonderfälle, in denen der Arbeitnehmer Lohn verlangen kann, obwohl er keine Arbeit geleistet hat. Die Ursache solcher lohnpflichtiger Arbeitsverhinderungen kann beim **Arbeitgeber** oder beim **Arbeitnehmer** liegen.

Beim Arbeitgeber liegende Gründe: Annahmeverzug (OR 324)

Annahmeverzug liegt vor, wenn der Arbeitnehmer seine Arbeitsleistung vertragsgemäss anbietet und der Arbeitgeber ihm keine Arbeit anbieten will oder kann. Dazu beispielhaft die wichtigsten Fälle:

- Der Arbeitgeber **verweigert die Annahme der vertragsgemäss angebotenen Leistung.** Er lässt den Arbeitnehmer die Stelle gar nicht erst antreten, weil er einen anderen Arbeitnehmer eingestellt hat, oder er weist ihm keine Arbeit zu.
- Der Arbeitgeber **unterlässt die nötigen Vorbereitungshandlungen,** damit der Arbeitnehmer seine Arbeit leisten kann. Er stellt die notwendigen Arbeitsgeräte oder das Rohmaterial nicht zur Verfügung.
- Es liegt eine **Betriebsstörung** vor. Betriebsstörungen (z. B. Absturz des Computersystems) gehören ins unternehmerische Risiko des Arbeitgebers. Deshalb muss der Arbeitgeber auch den Lohn für die wegen Betriebsstörungen ausfallende Arbeitszeit bezahlen.

Ist der Arbeitgeber im Annahmeverzug, kann er **keine Nacharbeit** verlangen, wenn das Leistungshindernis beseitigt ist. Er muss also Lohn zahlen, ohne je zur entsprechenden Arbeitsleistung zu kommen.

Beim Arbeitnehmenden liegende Gründe: persönliche Verhinderung

Beim zweiten Fall ist der Mitarbeitende aus persönlichen Gründen an der Arbeit verhindert, z. B. wegen Krankheit, Unfall usw.

- Im **Arbeitsvertragsrecht befasst sich OR 324a** mit dieser wichtigen Frage. Im Prinzip erfasst diese Regelung der Lohnfortzahlungspflicht sämtliche Fälle von persönlicher Verhinderung eines Mitarbeitenden.
- Zusätzlich gelten für obligatorisch versicherte Unfälle die Regeln des **Unfallversicherungsgesetzes (UVG)** und bei **Mutterschaft** die Bestimmungen zur Mutterschaftsentschädigung. Nach OR 324b ersetzen diese gesetzlich vorgeschriebenen Leistungen die Lohnfortzahlungspflicht des Arbeitgebenden, wenn der Arbeitnehmende mindestens 80% des Lohns erhält. Erhält er weniger, muss der Arbeitgebende die Differenz zu 80% bezahlen. Ebenfalls muss der Arbeitgebende 80% des Lohns während der Wartefrist der Versicherung bezahlen (bezüglich Mutterschaftsentschädigung siehe auch Bundesgesetz über den Erwerbsersatz für Dienstleistende und bei Mutterschaft EOG 16b ff.).

B Lohnfortzahlung nach OR 324a

In der folgenden Grafik sind die drei Voraussetzungen dargestellt, unter denen der Mitarbeitende nach OR 324a bei Verhinderung an der Arbeitsleistung einen Lohnanspruch hat.

[5-1] Voraussetzungen der Lohnfortzahlung bei Verhinderung an der Arbeitsleistung

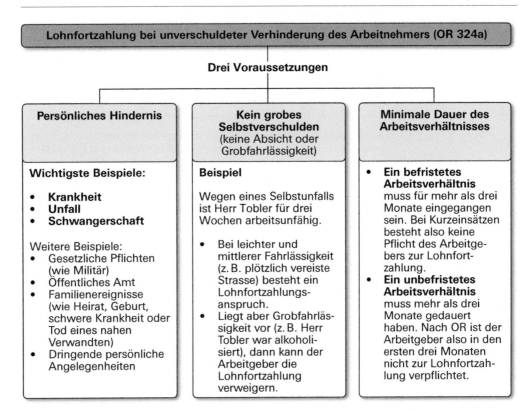

Wie lange dauert die Lohnfortzahlung bei unverschuldeter Verhinderung?

OR 324a II schreibt vor, dass der Lohn im ersten Dienstjahr während **mindestens dreier Wochen** weiterbezahlt werden muss, nachher für eine angemessene längere Zeit. Was angemessen ist, haben die Gerichte in langjähriger Praxis entwickelt. Heute haben sich in der Schweiz drei **gerichtliche Skalensysteme** ausgebildet, die voneinander abweichen:

[5-2] Gerichtspraxis zur Lohnfortzahlung

Dienst- jahre	Basel- Stadt Wochen	Bern Wochen	Zürich Wochen	Dienst- jahre	Basel- Stadt Wochen	Bern Wochen	Zürich Wochen
1	3	3	3	10	13	17	16
2	9	4	8	11	17	17	17
3	9	9	9	15	17	22	21
4	13	9	10	20	22	26	26
5	13	13	11	21	26	26	27
6	13	13	12	25	26	30	31
7	13	13	13	30	26	33	36
8	13	13	14	35	26	39	41
9	13	13	15	40	26	39	46

Das «Lohnfortzahlungskonto» beginnt nicht bei jeder Absenz neu zu laufen. **Verschiedene Absenzen innerhalb eines Dienstjahres werden zusammengezählt.**

Praktischer Anwendungsbereiche der Lohnfortzahlung nach OR 324a

In der Praxis kommt die Lohnfortzahlung nach OR 324a vor allem bei **krankheitsbedingten** Absenzen zur Anwendung. Wegen der kurzen Fristen ist der gesetzliche Lohnschutz aber knapp bemessen. Der Lohn ist bei einer ernsthaften Erkrankung selbst bei einem über zehnjährigen Arbeitsverhältnis kaum für die ganze Genesungsdauer gesichert.

Deshalb schliessen heute viele Arbeitgebende für ihre Mitarbeitenden eine **Krankentaggeldversicherung** ab, die dann nur einen bestimmten Prozentsatz des Lohns (z. B. 70% oder 80%) versichert, dies aber unabhängig vom Dienstalter für einen längeren Zeitraum (z. B. zwei Jahre) tut. Solche Regelungen sind zulässig, wenn sie für den Arbeitnehmenden mindestens gleich gut wie der Schutz von OR 324a sind (OR 324a IV).

Hinweis

Lohn bei Arbeitsverhinderung wegen Unfall bzw. Mutterschaft

Heute sind in der Schweiz fast alle Arbeitnehmenden obligatorisch gegen Unfälle versichert. Man spricht in diesem Zusammenhang vom UVG-Obligatorium (OR 324b I). Wer ein Wochenpensum von mehr als acht Stunden hat, ist nicht nur gegen Unfälle während der Arbeit (Berufsunfälle), sondern auch gegen Unfälle während der Freizeit (Nichtberufsunfälle) versichert.

Ereignet sich ein Unfall, übernimmt die obligatorische Unfallversicherung die Heilungskosten und weitere Kosten und sie richtet ein Taggeld als Lohnersatz aus.

- Das UVG kennt ein Lohnmaximum. Versichert sind Löhne bis maximal CHF 148 200.– pro Jahr (Stand 2016). Liegt der Lohn unterhalb dieser Höchstgrenze, übernimmt die Unfallversicherung für die unfallbedingte Absenz 80% des Lohns.
- Die Lohnzahlungspflicht beginnt ab dem 3. Tag nach dem Unfall zu laufen. Für die ersten beiden Karenztage muss der Arbeitgeber im Rahmen seiner Lohnfortzahlungspflicht nach OR 324a 80% des Lohns bezahlen.
- Das UVG-Taggeld wird an den Arbeitgeber ausbezahlt. Dieser zahlt es als Lohnfortzahlung an den verunfallten Arbeitnehmenden aus.

Die Mutterschaftsentschädigung funktioniert im Prinzip ähnlich wie das Unfalltaggeld. Der Anspruch auf die Versicherungsleistung beginnt ab dem Tag der Geburt und dauert, bis die Arbeitnehmerin wieder arbeitet bzw. maximal vierzehn Wochen (OR 329f).

- Das Taggeld beträgt 80% des versicherten Lohns ab Geburt.
- Das versicherte Lohnmaximum beträgt CHF 88 200.– pro Jahr (Stand 2016). Das sind CHF 7 350.– pro Monat bzw. CHF 245.– pro Tag. Das maximale Taggeld beträgt deshalb CHF 196.– (80% von CHF 245.–).
- Es wird an den Arbeitgeber ausbezahlt. Dieser zahlt es dann als Lohnfortzahlung an die Arbeitnehmerin aus.

5.2 Fürsorgepflicht des Arbeitgebers – ein Bündel von Nebenpflichten

So wie der Arbeitnehmer über seine Arbeitspflicht hinaus zur Treue gegenüber seinem Arbeitgeber verpflichtet ist, schuldet der Arbeitgeber nicht nur Lohn, sondern auch **Fürsorge.** Man unterscheidet wie bei der Treuepflicht die allgemeinen und die besonderen Fürsorgepflichten. Die besonders wichtigen Fürsorgepflichten hat das Gesetz ausdrücklich geregelt. Es handelt sich um: **Schutz der Persönlichkeit** des Arbeitnehmers (OR 328), Gewährung von **Freizeit und Ferien** (OR 329 ff.), Ausstellung von **Arbeitszeugnissen** (OR 330a).

5.2.1 Der Persönlichkeitsschutz (OR 328)

Die Fürsorgepflicht verlangt vor allem, dass der Arbeitgeber die **Persönlichkeit des Arbeitnehmers achtet und schützt.** Juristisch gesehen hat der Persönlichkeitsschutz viele Facetten. Er bedeutet zunächst einmal **Schutz von Leben und Gesundheit** am Arbeitsplatz. Der Arbeitgeber muss alle möglichen und zumutbaren Massnahmen zum Schutz von Leben und Gesundheit treffen. Persönlichkeitsschutz heisst aber auch Schutz der beruflichen Ehre, des Ansehens im Betrieb, der Privatsphäre und der verfassungsmässigen Freiheitsrechte. Der Persönlichkeitsschutz ist **nicht absolut,** denn häufig stehen ihm die **berechtigten Interessen des Arbeitgebers** gegenüber. Daher hat der Arbeitnehmer vergleichsweise geringfügige Einschränkungen seiner Persönlichkeit in Kauf zu nehmen, wenn es die Arbeit unbedingt verlangt.

Beispiel

- Die Mitglieder der Berufsfeuerwehr müssen im Brandfall naturgemäss bis zu einem gewissen Grad ihre Gesundheit riskieren. Im einzelnen Einsatz muss der Arbeitgeber die Persönlichkeit des Arbeitnehmers aber so weit wie möglich schützen; den Feuerwehrleuten müssen die notwendigen und möglichen Schutzvorrichtungen (z. B. speziell hitzebeständige Anzüge) zur Verfügung stehen und sie dürfen sich Befehlen widersetzen, die ihre Gesundheit im Vergleich mit dem Arbeitgeberinteresse unverhältnismässig stark gefährden (z. B. «Holen Sie unter Lebensgefahr das teure Picassobild aus dem brennenden Haus»).
- Auch die Anordnung der Bank Y, dass alle Schalterbeamten einen Anzug tragen müssen, ist ein Eingriff in die Persönlichkeit der Arbeitnehmer. Er ist aber relativ geringfügig. Deshalb ist das Interesse der Bank, dass die Schalterbeamten mit ihrem äusseren Erscheinen im täglichen Kundenkontakt den gewünschten Eindruck erwecken, höher zu gewichten.

Zwei wichtige Bereiche des Persönlichkeitsschutzes sind in besonderen Gesetzen geregelt:

- im **Gleichstellungsgesetz** das Verbot der Diskriminierung von Mitarbeitenden sowie
- im **Datenschutzgesetz** der Schutz von Mitarbeiterdaten.

Die Gleichstellung von Mann und Frau im Arbeitsleben

Das Bundesgesetz über die Gleichstellung von Frau und Mann (GlG) will die **Gleichstellung von Frau und Mann** im Erwerbsleben erreichen und generell die **Diskriminierung** von Mitarbeitenden bei der Anstellung, Aufgabenzuteilung, Entlöhnung, Weiterbildung, Beförderung und Entlassung unterbinden (GlG 3 II).

- Bei einer **Diskriminierung** hat die betroffene Arbeitnehmerin oder der betroffene Arbeitnehmer **verschiedene Rechtsansprüche** wie die Beseitigung der Diskriminierung, die Zahlung des geschuldeten Lohns oder die Zahlung einer Entschädigung (bei sexueller Belästigung beispielsweise bis sechs Monatslöhne, GlG 5). Bezüglich der Aufgabenzuteilung, Entlöhnung, Weiterbildung, Beförderung und Entlassung wird eine Diskriminierung vermutet, wenn diese von der betroffene Arbeitnehmerin oder dem betroffenen Arbeitnehmer glaubhaft gemacht wird. Der Gleichstellung fordernde Arbeitnehmer hat also im Streitfall die Diskriminierung nicht umfassend zu beweisen, sondern bloss glaubhaft zu machen (sog. Beweislasterleichterung, GlG 6).
- Die **Kündigung des Arbeitsverhältnisses** durch die Arbeitgeber ist anfechtbar, wenn sie ohne begründeten Anlass auf eine innerbetriebliche Beschwerde über eine Diskriminierung oder auf die Anrufung des Gerichts durch die Arbeitnehmerin oder den Arbeitnehmer folgt. Der Kündigungsschutz gilt für die Dauer eines innerbetrieblichen Beschwerdeverfahrens oder eines Gerichtsverfahrens sowie sechs Monate darüber hinaus (GlG 10).
- Für Streitigkeiten über Diskriminierung im Arbeitsleben bezeichnen die Kantone **Schlichtungsstellen,** die die Parteien beraten und die versuchen, eine Einigung herbeizuführen. Das Schlichtungsverfahren ist kostenlos. Erreicht die Schlichtungsstelle keine Einigung, können die Parteien ihre Ansprüche vor dem Arbeitsgericht geltend machen (GlG 11 f., OR 343).

Beispiel

Arbeitnehmerin Z wird von ihrem Arbeitgeber sexuell belästigt. Was für Rechtsansprüche hat Z und wie kann sie vorgehen, um diese einzufordern? Das Gleichstellungsgesetz schützt die sexuelle Integrität von Arbeitnehmerin Z am Arbeitsplatz. Sie kann aufgrund des Gleichstellungsgesetzes eine Entschädigung von bis zu sechs Monatslöhnen geltend machen, zudem wird sie Schadenersatz- und Genugtuungsansprüche aufgrund des Obligationenrechts prüfen (OR 49, 97 sowie 328, der ein konkreter Anwendungsfall des allgemeinen Persönlichkeitsschutzes von ZGB 28 ff. ist). Arbeitnehmerin Z wendet sich an die kantonale Schlichtungsstelle. Erreicht die Schlichtungsstelle keine Einigung zwischen den Parteien, hat Z die Möglichkeit das Arbeitsgericht anzurufen.

Der Datenschutz im Arbeitsleben

Die Bearbeitung von Personendaten im Arbeitsverhältnis ist in OR 328b geregelt. Der Arbeitgeber darf Daten über den Arbeitnehmer nur bearbeiten, soweit sie dessen Eignung für das Arbeitsverhältnis betreffen oder zur Durchführung des Arbeitsvertrags erforderlich sind.

Beispiel

Arbeitgeber Y fragt anlässlich eines Vorstellungsgesprächs nach Vorstrafen. Eine allgemeine Frage nach Vorstrafen ist jedoch nicht zulässig. Bei der Anstellung eines Kassiers kann aber beispielsweise die Frage nach Vermögensdelikten gerechtfertigt sein. Auch die Frage nach einer Schwangerschaft ist nur ausnahmsweise zulässig, wenn nämlich die zukünftige Tätigkeit während der Schwangerschaft nicht ausgeübt werden kann (so z. B. beim Beruf einer Tänzerin, eines Models oder bei körperlich sehr anstrengender Arbeit). Bei unzulässigen Fragen hat die befragte Person ein «Notwehrrecht der Lüge», um nicht schlechter gestellt zu werden als ungeniert lügende Mitkonkurrenten.

Im Übrigen verweist das OR auf die Bestimmungen des **Datenschutzgesetzes** (DSG). Seine wichtigsten Grundsätze sind:

- **Daten dürfen vom Datenerfasser nur rechtmässig beschafft werden.** Ihre Bearbeitung hat nach Treu und Glauben zu erfolgen und muss verhältnismässig sein. Personendaten dürfen nur zu dem Zweck bearbeitet werden, der bei der Beschaffung angegeben wurde, aus den Umständen ersichtlich oder gesetzlich vorgesehen ist (DSG 4).
- **Wer Personendaten bearbeitet, hat sich über deren Richtigkeit zu vergewissern.** Jede betroffene Person kann verlangen, dass unrichtige Daten berichtigt werden (DSG 5).
- Die bearbeiteten Daten sind durch geeignete technische und organisatorische Massnahmen **vor dem unbefugten Zugriff durch Dritte zu schützen.** Der Datenerfasser hat eine Geheimhaltungspflicht bezüglich der bearbeiteten Daten und der Betroffene kann vom Datenerfasser Auskunft über seine Daten verlangen (DSG 7 ff.).
- **Der frühere Arbeitgeber eines Arbeitnehmers darf ohne dessen Zustimmung keine Auskünfte über ihn erteilen.** Das Datenschutzgesetz sowie darauf Bezug nehmende Gerichtsurteile untersagen Referenzauskünfte ohne Zustimmung des Arbeitnehmers (DSG 12 II lit. b und c).
- Die **unbefugte Verwertung von Daten** wird auf Antrag mit Haft oder Busse bestraft (DSG 34 f.).
- Nach dem **Ausscheiden eines Arbeitnehmers ist sein Personaldossier** auf jene Daten zu reduzieren, die zur Begründung bzw. zur Abwehr von arbeitsrechtlichen Ansprüchen geeignet und erforderlich sind oder bei denen eine gesetzliche Pflicht zur Aufbewahrung besteht. Die Aufbewahrungsdauer hängt von der Art der Daten ab; normalerweise ist sie auf fünf Jahre begrenzt. Danach müssen die Daten vernichtet werden.

5.2.2 Freizeit (OR 329)

Der Arbeitgeber muss dem Arbeitnehmer Freizeit gewähren. Man unterscheidet normale und ausserordentliche Freizeit:

- **Normale Freizeit:** Der Arbeitnehmer hat gemäss OR 329 I und II mindestens einen freien Tag pro Woche zugute. OR 329 I und II haben aber nur noch geringe Bedeutung, weil das öffentliche Arbeitsrecht weiter geht (das ArG setzt 1 1/2 Freitage pro Woche fest), vor allem aber, weil die meisten EAV und GAV die Fünftagewoche vorsehen.
- **Ausserordentliche Freizeit** (OR 329 III): Der Arbeitgeber muss dem Arbeitnehmer während der Arbeitszeit freigeben, damit dieser persönliche Angelegenheiten erledigen (Behördengänge, Arztbesuch etc.), an wichtigen Familienereignissen teilnehmen (Hochzeit, Beerdigung etc.), besondere Pflichten erfüllen (z. B. Fahrprüfung, militärische Inspektion) oder eine neue Arbeitsstelle suchen kann. Diese Freizeit darf weder von den Ferien abgezogen werden noch muss sie unentgeltlich nachgeholt werden.

Allerdings besteht kein Anspruch auf ausserordentliche Freizeit, soweit die persönlichen Angelegenheiten während der normalen Freizeit erledigt werden können, was insbesondere bei Gleitzeit oft möglich ist. In vielen Firmenreglementen und GAV ist die ausserordentliche Freizeit detailliert geregelt.

5.2.3 Ferien (OR 329a–329c)

Jeder Arbeitnehmer hat einen Mindestanspruch auf **vier Wochen** bezahlte Ferien pro Jahr, und zwar auch bei Teilzeit- und Temporärarbeit. Ausnahme: Jugendliche **unter 20 Jahren** haben **fünf Wochen** Ferien (OR 329a I). Zudem gehen manche EAV und GAV über das gesetzliche Minimum hinaus.

Den **Zeitpunkt** der Ferien bestimmt der Arbeitgeber. Er hat dabei die Interessen des Arbeitnehmers zu berücksichtigen (OR 329c II). Nach dem Gesetz müssen **mindestens zwei Wochen zusammenhängen** (OR 329c I). Die Ferien müssen im **Verlauf** des betreffenden **Dienstjahres** gewährt werden (OR 329c I). Davon darf nur ausnahmsweise zugunsten betrieblicher Interessen abgewichen werden. Der Arbeitnehmer kann die Ferien dann innert **zehn Jahren** nachbeziehen (so lange dauert die **Verjährungsfrist** für Ferienansprüche).

Der Arbeitgeber muss dem Arbeitnehmer auch während der Ferien den **üblichen Lohn** zahlen, inklusive durchschnittlicher Nebenleistungen wie Zulagen, Provision, Trinkgelder usw. Eine Abgeltung der Ferien durch Geldzahlung ist nur in zwei **Ausnahmefällen** erlaubt: (1) bei unregelmässiger Teilzeit-, Temporär- oder Heimarbeit (Abgeltung über Ferienprozente); (2) bei Beendigung des Arbeitsverhältnisses, wenn während der Kündigungsfrist nicht mehr alle Ferien bezogen werden konnten.

Hinweis

Zur Durchsetzung des Abgeltungsverbots wenden die Gerichte folgende für den Arbeitgeber nachteiligen Regeln an: Selbst wenn der Arbeitnehmer die Abgeltung entgegengenommen hat, kann er nachträglich auf der Erfüllung seines Ferienanspruchs samt Lohnzahlung bestehen. Der Arbeitgeber riskiert also eine Doppelzahlung.

Weitere Fragen im Zusammenhang mit dem Ferienanspruch:

*   **Pro-rata-temporis-Anspruch:** Beginnt oder endet das Arbeitsverhältnis während des Jahres, müssen die Ferien anteilsmässig gewährt werden (gemäss OR 329a III).
*   **Zu viel bezogene Ferien:** Der Arbeitgeber kann verlangen, dass sie der Arbeitnehmer mit Überstunden «abarbeitet». Ist das nicht möglich, dann kann er den zu viel bezahlten Ferienlohn nur zurückfordern, wenn es verabredet oder üblich ist.
*   **Krankheit / Unfall während der Ferien:** Kann man sich wegen Krankheit oder Unfall während der Ferien nicht erholen, hat man einen Anspruch auf Nachgewährung der betreffenden Ferientage.
*   **Feiertage während der Ferien** werden nicht als Ferientage gezählt.
*   Ein Anspruch auf **unbezahlten Urlaub** besteht nur, wenn es verabredet oder in einem GAV vorgeschrieben ist. Mit einer Ausnahme: Nach OR 329e haben Arbeitnehmer bis 30 Anspruch auf maximal eine Woche unbezahlten Urlaub für unentgeltliche Jugendarbeit (Jugendurlaub).

5.2.4 Mutterschaftsurlaub (OR 329f)

Nach der Niederkunft hat die Arbeitnehmerin Anspruch auf einen **Mutterschaftsurlaub** von mindestens **14 Wochen** (OR 329f). Diese Vorschrift ist relativ zwingend (OR 362). Das Bundesgesetz über den Erwerbsersatz für Dienstleistende und bei Mutterschaft (Erwerbsersatzgesetz, EOG) regelt die Details der Mutterschaftsentschädigung.

*   **Beginn des Anspruchs.** Der Entschädigungsanspruch entsteht am Tag der Niederkunft (EOG 16c).
*   **Ende des Anspruchs.** Der Anspruch endet am 98. Tag nach seinem Beginn. Er endet vorzeitig, wenn die Mutter ihre Erwerbstätigkeit wieder aufnimmt oder wenn sie stirbt (EOG 16d).

- **Höhe der Bemessung.** Die Mutterschaftsentschädigung wird als Taggeld ausgerichtet. Das Taggeld beträgt 80% des durchschnittlich erzielten Erwerbseinkommens, wobei ein Höchstbetrag gilt (EOG 16e und f).

5.2.5 Das Arbeitszeugnis (OR 330a)

Eine wichtige besondere **Fürsorgepflicht** ist die Pflicht zur Ausstellung eines **Arbeitszeugnisses**. Der Arbeitnehmer darf schon während des Arbeitsverhältnisses ein **Zwischenzeugnis** verlangen. Normalerweise wird aber erst am Ende der Zusammenarbeit ein **Schlusszeugnis** ausgestellt. Ein solches kann auch noch bis zu **zehn Jahre** nach Auflösung des Arbeitsverhältnisses verlangt werden. Es liegt jeweils am Arbeitnehmer zu wählen, ob er ein **einfaches Zeugnis** (nur Arbeitsbestätigung) oder ein **qualifiziertes Zeugnis** (zusätzliche Angaben über Leistungen und Verhalten) wünscht. Das Zeugnis muss **vollständig, genau, wahr** und **wohlwollend** sein. Es darf aber auch negative Qualifikationen enthalten, sofern diese den Tatsachen entsprechen und für die Gesamtbeurteilung des Arbeitnehmers nicht nebensächlich sind. Für ein falsches Zeugnis ist der alte Arbeitgeber dem neuen gegenüber schadenersatzpflichtig. Entspricht das Zeugnis diesen gesetzlichen Anforderungen nicht, dann kann der Arbeitnehmer Ergänzung bzw. Berichtigung fordern und notfalls gerichtlich einklagen.

5.3 Pflichtverletzungen des Arbeitgebers

5.3.1 Verletzung der Lohnzahlungspflicht

Zahlt der Arbeitgeber überhaupt keinen oder zu wenig Lohn aus, so verletzt er seine **Hauptpflicht.** Es liegt also **Nichterfüllung des Arbeitsvertrags** vor. Um seine Lohnforderung durchzusetzen, muss der Arbeitnehmer seinen Arbeitgeber **betreiben** oder sogar – falls dieser die Schuld bestreitet – gegen ihn klagen.

Hinweis

So, wie der Arbeitgeber bei Nichterfüllung des Arbeitnehmers den Lohn verweigern darf, kann theoretisch auch der Arbeitnehmer die Arbeit niederlegen. Nur nützt ihm das nicht viel, denn er ist ja vorleistungspflichtig, d. h., er muss zuerst arbeiten und erhält erst dann den Lohn. Eine Arbeitsniederlegung als Reaktion auf nicht bezahlten Lohn fällt nun aber bereits in die nächste Lohnperiode, in der er ja eigentlich arbeiten müsste, damit er den nächsten Lohn bekommt. Arbeitet er nicht, dann kann ihm der Arbeitgeber den Lohn für die laufende Lohnperiode verweigern. Deswegen bleibt dem Arbeitnehmer nur die **Betreibung** bzw. der Gang zum **Gericht.**

Daneben kann der Arbeitnehmer auch **Schadenersatz** wegen verspäteter Lohnzahlung verlangen. Der Arbeitgeber muss auf jeden Fall Verzugszinsen von mindestens 5% des Lohns bezahlen (OR 104). Macht der Arbeitnehmer einen höheren Schaden geltend – z. B. wenn er zur Bezahlung hoher Zahnarztkosten einen Kleinkredit aufnehmen musste –, dann kann er zusätzlichen Schadenersatz im entsprechenden Umfang verlangen (OR 106).

Zusätzlich kann der Arbeitnehmer auch **kündigen,** wobei die fristlose Kündigung nur möglich ist, wenn die Lohnzahlung trotz Mahnung wiederholt ausgeblieben ist (dazu später).

5.3.2 Verletzung von Fürsorgepflichten

Fürsorgepflichten sind Nebenpflichten des Arbeitgebers. Ihre Verletzung bedeutet also bloss **Schlechterfüllung** des Arbeitsvertrags. Die Möglichkeiten des Arbeitnehmers:

- **Klage auf richtige Erfüllung des Vertrags:** Der Arbeitnehmer kann verlangen, dass der Arbeitgeber seine Fürsorgepflichten erfüllt bzw. ein ihnen widersprechendes Verhalten aufgibt; z. B.: Klage auf Anbringung der vorgeschriebenen Sicherheitsvorrichtungen an Maschinen oder auf Ausstellen eines Arbeitszeugnisses.
- **Recht auf Schadenersatz:** Immer wenn die Pflichtverletzung den Arbeitnehmer finanziell schädigt, hat er einen Schadenersatzanspruch.
- **Kündigung:** Die ordentliche Kündigung ist natürlich immer möglich, die fristlose dagegen nur ausnahmsweise bei schweren Pflichtverletzungen (z. B. bei einer schweren Persönlichkeitsverletzung).
- **Einstellen der Arbeit:** Ausnahmsweise darf der Arbeitnehmer die Arbeit niederlegen, dann nämlich, wenn die Verletzung der Fürsorgepflicht so bedeutend ist, dass die Arbeitsleistung **nicht mehr möglich** bzw. **unzumutbar** ist (Beispiel: der Arbeitgeber bringt die nötigen Schutzvorrichtungen an einer gefährlichen Maschine nicht an). Der Arbeitgeber gelangt dadurch in **Annahmeverzug** (OR 324 I), weswegen der Arbeitnehmer trotz Arbeitsniederlegung seinen vollen Lohnanspruch behält.

Die **Pflichten des Arbeitgebers** im EAV:

Pflichten Arbeitgeber	
Hauptpflicht	**Nebenpflicht**
Lohnzahlung	**Allgemeine Fürsorgepflicht**
<ul><li>**Zusammensetzung und Höhe** nach vertraglicher Vereinbarung</li><li>**Ohne Arbeit kein Lohn,** ausser bei Annahmeverzug des Arbeitgebers (OR 324) und bei unverschuldeter Verhinderung des Arbeitnehmers (OR 324a / b)</li></ul>	Berechtigte Interessen des Arbeitnehmers wahren, sofern zumutbar (Generalklausel) **Besondere Fürsorgepflichten** <ul><li>Schutz der Persönlichkeit des Arbeitnehmers</li><li>Einräumung der normalen und der ausserordentlichen Freizeit</li><li>Mutterschaftsurlaub von 14 Wochen (Entschädigung durch Taggeld nach dem EOG)</li><li>Jährlicher Ferienanspruch bei voller Bezahlung</li><li>Arbeitszeugnis: Zwischenzeugnis und Schlusszeugnis</li></ul>

Im Bereich des Arbeitsrechts basiert der Schutz einer Person, über die Daten gesammelt werden, auf dem **Bundesgesetz über den Datenschutz** (DSG) sowie auf OR 328b. Das **Gleichstellungsgesetz** bezweckt die Förderung der Gleichstellung der Geschlechter und verbietet die Diskriminierung von Arbeitnehmenden aufgrund ihres Geschlechts. Einzelne Mitarbeitende dürfen nicht willkürlich schlechtergestellt werden. Basis bildet das Bundesgesetz über die Gleichstellung von Mann und Frau (GlG).

Je nach Art der Pflichtverletzung des Arbeitgebers stehen dem Arbeitnehmer folgende Rechte zu:

- **Nichterfüllung = Verletzung der Lohnzahlungspflicht**
    - Klage auf Erfüllung / Betreibung
    - Recht auf Schadenersatz (Verzugszinsen und zusätzlicher Schaden)
    - Ordentliche oder (ausnahmsweise bei wiederholter oder beharrlicher Weigerung) fristlose Kündigung
- **Schlechterfüllung = Verletzung der Fürsorgepflicht**
    - Klage auf Erfüllung, Recht auf Schadenersatz
    - Normalerweise nur ordentliche Kündigung; fristlose nur ganz ausnahmsweise bei schwerer Pflichtverletzung
    - Einstellen der Arbeit, wenn die Pflichtverletzung die Arbeit unmöglich oder unzumutbar macht

Repetitionsfragen

17

A] Hanspeter Latour hat seit zwei Wochen nicht mehr gearbeitet. Unter welchen Voraussetzungen hat er trotzdem Anspruch auf den Lohn?

B] Wie lange dauert der Lohnfortzahlungsanspruch?

18

A] Aus betrieblichen Gründen ordnet der Arbeitgeber im November an, dass die ganze Belegschaft im August des nächsten Jahres drei Wochen Ferien nehmen muss. Darf er das?

B] Nicole Ritz hat schon vor längerer Zeit eine dreiwöchige Ferienreise im März gebucht, in der Annahme, sie kriege dann schon frei. Muss sie nun diese Ferienreise verschieben?

19

Welche Art der Vertragsverletzung liegt in den folgenden Fällen vor und wie müsste der Arbeitnehmer vorgehen?

A] Der Arbeitnehmer erhält ein Zwischenzeugnis, das seinen Leistungen nicht entspricht.

B] Der Arbeitgeber zahlt den Lohn jeweils erst am 6. des Monats aus statt wie abgemacht am 25. des Monats.

C] Der Arbeitgeber weist dem Arbeitnehmer Arbeiten ausserhalb des Pflichtenhefts zu.

D] Der Arbeitgeber stellt dem Arbeitnehmer keinen Arbeitsplatz zur Verfügung.

20

Reto Bonatti bewirbt sich für eine neue Stelle als Kassierer in einem Detailhandelsgeschäft. Der künftige Arbeitgeber stellt ihm einige Fragen, bei denen er nicht sicher ist, ob sie zulässig sind:

A] «Ich sehe, dass Sie ebenfalls in unserer Gemeinde wohnen. Wie nehmen Sie am sozialen Leben in der Gemeinde teil? Sind Sie auch im einen oder anderen Verein Mitglied – das wirkt sich nämlich sehr verkaufsfördernd aus.»

B] «In unserer Gemeinde leben viele Portugiesen und Spanier. Beherrschen Sie eine Sprache, die die Verständigung mit diesen Leuten ermöglicht, oder wären Sie bereit, eine dieser Sprachen zu erlernen?»

C] «Als Kassierer haben Sie eine Vertrauensstellung. Sind Sie vorbestraft?»

21

Der Geschäftsführer eines Kleinunternehmens ist auch Mitglied des Turnvereins. Als solcher ist er angehalten, neue Mitglieder zu werben. Anstatt selber zu werben, gibt er die Daten seiner Mitarbeitenden an den Vorstand des Turnvereins weiter. Ist das erlaubt?

22

Nehmen Sie in einigen Sätzen Stellung zum folgenden Sachverhalt:

«Eine Chemikerin klagt, sie sei wegen der Mutterschaft entlassen worden, obwohl sie immer gute Qualifikationsbeurteilungen erhalten hat und ihr deswegen kurz vor der Schwangerschaft noch der Lohn erhöht wurde. Die Chemikerin erhält nach Ablauf des Kündigungsschutzes während der Mutterschaft die Kündigung. Sie klagt, dass ihr wegen der Schwangerschaft und der damit verbundenen Absenzen gekündigt worden sei.»

A] Welche Ansprüche kann die Klägerin mit der Klage geltend machen?

B] Argumentieren Sie aus der Sicht des Arbeitgebers, der eine Diskriminierung bestreitet, für eine Abweisung der Klage.

6 Die Beendigung des Arbeitsverhältnisses

Lernziele: Nach der Bearbeitung dieses Kapitels können Sie …

- die fünf Gründe aufzählen, die zur Beendigung des Arbeitsverhältnisses führen können.
- erklären, was man unter einer ordentlichen Kündigung, einer missbräuchlichen Kündigung, einer Kündigung zur Unzeit und unter einer fristlosen Kündigung versteht.
- aufzeigen, welche Kündigungsfristen und Kündigungstermine bei der ordentlichen Kündigung gelten.
- erklären, was eine missbräuchliche Kündigung des Arbeitgebers ist, was sie bewirkt und wie sich der Arbeitnehmer dagegen zur Wehr setzen kann.
- erklären, was eine Kündigung zur Unzeit ist und was sie bewirkt.
- erklären, was eine fristlose Kündigung ist und was der Arbeitnehmer unternehmen kann, wenn sie zu Unrecht ausgesprochen wurde.

Schlüsselbegriffe: fristlose Kündigung, Kündigungsfrist, Kündigungsschutz, Kündigungstermin, Kündigung zur Unzeit, Massenentlassung, missbräuchliche Kündigung, ordentliche Kündigung, Probezeit

Ein Arbeitsverhältnis kann aus **vier** Gründen enden, nämlich:

[6-1]   Vier Gründe für eine Beendigung des Arbeitsverhältnisses

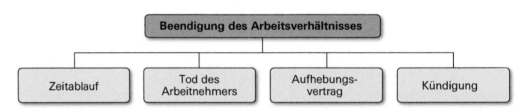

- **Zeitablauf (OR 334):** Befristete Arbeitsverhältnisse enden ohne weiteres Zutun mit Ablauf der vertraglich vereinbarten Dauer. Eine Kündigung ist weder nötig noch möglich!
- **Tod des Arbeitnehmers (OR 338):** Mit dem Tod des Arbeitnehmers geht das Arbeitsverhältnis unter (OR 338 I). Hinterlässt der verstorbene Arbeitnehmer unterstützungsbedürftige Personen (v. a. Ehegatten oder minderjährige Kinder), dann muss der Arbeitgeber ihnen gemeinsam einen vollen Monatslohn (ab fünf Dienstjahren zwei Monatslöhne) auszahlen (**Lohnnachgenuss,** OR 338 II).
- **Aufhebungsvertrag (OR 115):** Wie alle Verträge kann auch der unbefristete und befristete Arbeitsvertrag **jederzeit** mit einem Aufhebungsvertrag beendet werden. Mündlichkeit genügt; aus Beweisgründen empfiehlt sich jedoch die Schriftform.
- **Kündigung:** Mit der Kündigung können beide Parteien das Arbeitsverhältnis **einseitig** auflösen. Es gilt der Grundsatz der **Kündigungsfreiheit:** Beide Parteien können prinzipiell zu beliebiger Zeit und aus beliebigem Grund kündigen. Da aber die Kündigung den Gekündigten in grosse Schwierigkeiten bringen kann, schränkt das OR die Kündigungsfreiheit mit verschiedenen Regeln ein; es gibt zeitliche und sachliche Beschränkungen. Neben der **ordentlichen Kündigung** mit ihren zeitlichen und sachlichen Schranken kennt das Gesetz auch die **fristlose Kündigung.** Letztere kann dann das Arbeitsverhältnis mit sofortiger Wirkung beenden.

Hinweis

- **Ausnahme Zeitablauf:** Wurde das Arbeitsverhältnis für **länger als 10 Jahre** eingegangen, dann können es beide Parteien nach Ablauf von 10 Jahren kündigen (OR 334 III). Recht häufig werden befristete Arbeitsverhältnisse nach Ablauf der Frist einfach kommentarlos weitergeführt. Das Gesetz behandelt sie dann als unbefristete Arbeitsverhältnisse (OR 334 II). Befristet bleiben sie nur, wenn die Parteien eine neue Frist vereinbaren. Wird ein befristetes Arbeitsverhältnis mehrere Male verlängert, dann spricht man von einem **Kettenarbeitsvertrag.** Solche Verträge sind nur zulässig, wenn es dafür einen sachlich gerechtfertigten Grund gibt. Werden sie dagegen abgeschlossen, um den Kündigungsschutz des Arbeitnehmers oder die Sozialleistungen zu umgehen, sind sie ungültig. Sie werden dann wie ein unbefristetes Arbeitsverhältnis behandelt.
- Mit der **Pensionierung** des Arbeitnehmers endet das Arbeitsverhältnis nicht automatisch, sondern erst mit dessen Kündigung. Dasselbe gilt bei **Tod oder Konkurs des Arbeitgebers:** Das Arbeitsverhältnis dauert so lange fort, bis es von den Erben, der Konkursverwaltung oder dem Arbeitnehmer selbst gekündigt wird (siehe dazu auch OR 337a und 338a).

6.1 Die ordentliche Kündigung

Wenn der Arbeitnehmer kündigt, muss der Arbeitgeber seine Stelle neu besetzen und umgekehrt muss der Arbeitnehmer eine neue Stelle finden, wenn ihm der Arbeitgeber kündigt. Beides geht nicht von einem Tag auf den anderen. Deshalb sieht das OR **Kündigungsfristen** vor.

Zusätzlich kennt das OR auch einen **Kündigungsschutz.** Unzulässig

- sind **rechtsmissbräuchliche** Kündigungen und
- Kündigungen, die während der **Sperrfristen** ausgesprochen werden.
- Besondere Regeln gelten für **Massenentlassungen.**

6.1.1 Kündigungsfristen

Unter der **Kündigungsfrist** versteht man den Zeitraum zwischen Eingang der Kündigung und tatsächlichem Ende des Arbeitsverhältnisses. Die Länge der Kündigungsfrist hängt von der Dauer des Arbeitsverhältnisses ab.

A Die Kündigung

Die Kündigung ist eine **einseitige** Erklärung des Kündigenden an den Gekündigten. Sie ist **empfangsbedürftig,** d. h., sie wirkt mit Eingang beim Gekündigten.

- Der Kündigende muss dafür sorgen, dass die Kündigung **rechtzeitig** beim Gekündigten eingeht. Wie bei einer Offerte genügt es, dass der Gekündigte die Möglichkeit hatte, die Kündigung einzusehen. Ob er sie tatsächlich zur Kenntnis genommen hat, spielt dann keine Rolle.
- Der Kündigende muss im Streitfall **beweisen,** dass die Kündigung rechtzeitig beim Gekündigten eingegangen ist (ZGB 8). Eine Kündigung sollte deshalb per eingeschriebenem Brief erfolgen. Wird die Kündigung bloss mündlich ausgesprochen, sollte der Gekündigte schriftlich bestätigen, dass er die Kündigung zur Kenntnis genommen hat.

B Kündigung während der Probezeit

Probezeit ist im Normalfall der **erste Monat** eines Arbeitsverhältnisses (OR 335b I). Sie kann durch schriftliche Abmachung verkürzt oder auf maximal 3 Monate verlängert werden (OR 335b II). Zeiten der Arbeitsverhinderung verlängern die Probezeit entsprechend (OR 335b III).

Während der Probezeit beträgt die Kündigungsfrist **7 Tage** (OR 335b I). Sie kann jedoch durch Abmachung der Parteien **verkürzt** oder sogar ganz **wegbedungen** werden. Die Kündigungsfrist beginnt ab dem Kündigungseingang folgenden Tag zu laufen.

C Kündigung nach Ablauf der Probezeit

Sobald die Probezeit abgelaufen ist, gelten die **Kündigungsfristen** von OR 335c. Sie können durch **schriftliche Abmachung** der Parteien oder Gesamtarbeitsvertrag verkürzt oder verlängert werden. Eine Verkürzung **unter einen Monat** ist jedoch nur für das erste Dienstjahr und nur durch Gesamtarbeitsvertrag möglich (OR 335c II). Vorausgesetzt ist immer, dass die veränderten Kündigungsfristen für beide Parteien gleich lang sind (OR 335a I).

Der **Kündigungstermin** ist das Monatsende. Deshalb enden Arbeitsverhältnisse am letzten Tag eines Monats, und zwar auch dann, wenn die Kündigungsfrist bereits während des Monats ablaufen würde.

[6-2]   Kündigungsfristen und Termine nach OR 335

Dauer des Arbeitsverhältnisses	Kündigungsfrist und -termin
1. Dienstjahr	1 Monat auf das Ende eines Monats
2. bis und mit 9. Dienstjahr	2 Monate auf das Ende eines Monats
ab 10. Dienstjahr	3 Monate auf das Ende eines Monats

Beispiel

Berechnung der Kündigungsfrist

Herr Koller ist seit 5 Jahren bei der Celi AG angestellt. Er möchte kündigen, weil er eine neue Stelle in Aussicht hat. Koller möchte auf Ende August kündigen. Da in seinem Arbeitsvertrag und im für ihn geltenden GAV keine Bestimmungen über die Kündigungsfristen enthalten sind, gilt nach OR 335c eine Kündigungsfrist von 2 Monaten.

Folgendes geschieht:

- Herr Koller gibt die Kündigung am 25. Mai eingeschrieben auf die Post. Darin erklärt er die Kündigung auf den 31. August.
- Am 27. Mai trifft die Kündigung bei der Celi AG ein.
- Ab dem 1. Juli läuft die Kündigungsfrist.
- Am 31. August endet das Arbeitsverhältnis.

Beachten Sie ausserdem: Wenn die Kündigung erst am 1. Juli bei der Celi AG eintrifft, beginnt die Kündigungsfrist erst am 1. August zu laufen, mit der Folge, dass das Arbeitsverhältnis erst Ende September endet. Der Kündigende trägt also das Risiko für das rechtzeitige Eintreffen der Kündigung.

6.1.2   Schutz vor missbräuchlichen Kündigungen (OR 336)

Missbräuchlich ist eine Kündigung, wenn sie als **sachlich ungerechtfertigt** erscheint. Ausschlaggebend sind also die Motive, die zur Kündigung führen. Nun ist es aber nicht ganz einfach, eine Grenze zwischen sachlich gerechtfertigten und nicht gerechtfertigten Kündigungsgründen zu ziehen. Aus diesem Grund bringt OR 336 eine beispielhafte Aufstellung rechtsmissbräuchlicher Kündigungsgründe; die wichtigsten sind Kündigungen wegen:

- Militärdienst
- Ausübung verfassungsmässiger Rechte
- Geltendmachung von Rechtsansprüchen gegenüber dem Vertragspartner
- Ausübung gewerkschaftlicher Tätigkeit
- Tätigkeit als Arbeitnehmervertreter

Beispiel

Militärdienst: Der Arbeitgeber kündigt seinem tadellosen Mitarbeiter, weil er den Leutnant abverdienen muss.

Ausübung verfassungsmässiger Rechte: Der Arbeitgeber kündigt einer Mitarbeiterin, weil sie in einer politischen Frage, die für das Arbeitsverhältnis nicht von Belang ist, anderer Meinung ist und diese öffentlich äussert.

Ausübung gewerkschaftlicher Tätigkeit: Der Arbeitgeber kündigt einem Mitarbeiter, weil er sich als Mitglied einer Gewerkschaft engagiert.

Tätigkeit als Arbeitnehmervertreterin: Der Arbeitgeber kündigt einer Mitarbeiterin, die als Arbeitnehmervertreterin in den Stiftungsrat der Personalvorsorgestiftung gewählt wurde.

Achtung: Auch eine rechtsmissbräuchliche Kündigung führt zur **Auflösung des Arbeitsverhältnisses** (OR 336a)! Allerdings wird der Kündigende zu einer **Entschädigung** verpflichtet. Diese wird vom Richter festgesetzt und beträgt maximal sechs Monatslöhne (bei missbräuchlicher Massenentlassung maximal 2 Monatslöhne).

Beispiel

Der Arbeitgeber kündigt dem Arbeitnehmer, weil er seiner Meinung nach viel zu viel im Militär ist. Es liegt also eine rechtsmissbräuchliche Kündigung vor. Trotzdem ist sie gültig und der Arbeitsvertrag wird aufgelöst. Der Arbeitnehmer kann vom Arbeitgeber aber eine Entschädigung von maximal sechs Monatslöhnen verlangen.

Nun fragt sich natürlich, wie man gegen eine rechtsmissbräuchliche Kündigung **vorgehen** soll. Dazu ein Fallbeispiel:

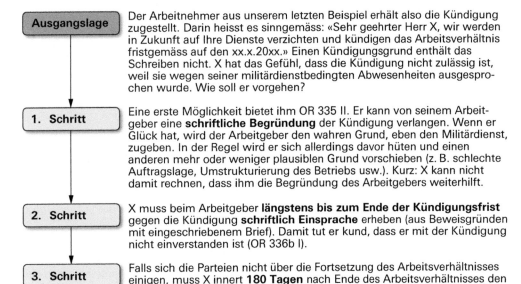

Ausgangslage

Der Arbeitnehmer aus unserem letzten Beispiel erhält also die Kündigung zugestellt. Darin heisst es sinngemäss: «Sehr geehrter Herr X, wir werden in Zukunft auf Ihre Dienste verzichten und kündigen das Arbeitsverhältnis fristgemäss auf den xx.x.20xx.» Einen Kündigungsgrund enthält das Schreiben nicht. X hat das Gefühl, dass die Kündigung nicht zulässig ist, weil sie wegen seiner militärdienstbedingten Abwesenheiten ausgesprochen wurde. Wie soll er vorgehen?

1. Schritt

Eine erste Möglichkeit bietet ihm OR 335 II. Er kann von seinem Arbeitgeber eine **schriftliche Begründung** der Kündigung verlangen. Wenn er Glück hat, wird der Arbeitgeber den wahren Grund, eben den Militärdienst, zugeben. In der Regel wird er sich allerdings davor hüten und einen anderen mehr oder weniger plausiblen Grund vorschieben (z. B. schlechte Auftragslage, Umstrukturierung des Betriebs usw.). Kurz: X kann nicht damit rechnen, dass ihm die Begründung des Arbeitgebers weiterhilft.

2. Schritt

X muss beim Arbeitgeber **längstens bis zum Ende der Kündigungsfrist** gegen die Kündigung **schriftlich Einsprache** erheben (aus Beweisgründen mit eingeschriebenem Brief). Damit tut er kund, dass er mit der Kündigung nicht einverstanden ist (OR 336b I).

3. Schritt

Falls sich die Parteien nicht über die Fortsetzung des Arbeitsverhältnisses einigen, muss X innert **180 Tagen** nach Ende des Arbeitsverhältnisses den Entschädigungsanspruch wegen missbräuchlicher Kündigung **einklagen** und auch **beweisen,** dass eine missbräuchliche Kündigung vorliegt (OR 336b II).

6.1.3 Kündigungssperrfristen (Kündigung zur Unzeit, OR 336c ff.)

Nach Ablauf der Probezeit ist die Kündigung während gewisser **Zeiten** unzulässig. Der Arbeitgeber darf nicht kündigen, wenn einer der in OR 336c aufgezählten Sachverhalte vorliegt.

* **Militärdienst** oder ähnliche Tätigkeit (Zivilschutz, Rotkreuzdienst). Sofern die Dienstleistung mehr als elf Tage dauert, darf der Arbeitgeber auch während **vier Wochen vor und nach dem Dienst** nicht kündigen.
* **Krankheit oder Unfall:** Der Arbeitgeber darf im ersten Dienstjahr während 30 Tagen, im zweiten bis fünften während 90 Tagen und ab dem sechsten während 180 Tagen seit Eintritt des Verhinderungsgrunds nicht kündigen.
* **Schwangerschaft:** Der Arbeitgeber darf während der Schwangerschaft und bis 16 Wochen nach der Geburt nicht kündigen.
* Teilnahme des Arbeitnehmers an einer **Hilfsaktion des Bundes** mit Zustimmung des Arbeitgebers.

Achtung! Die Fristen für die aufgelisteten Absenzen betreffen nur den Schutz vor einer Kündigung! Ob und wie lange ein Arbeitnehmer **Lohn** erhält, bestimmt sich allein nach den Regeln über die Lohnfortzahlung bei Verhinderung des Arbeitnehmers (OR 324a).

Die Sperrfristen von OR 336c gelten nur, wenn der Arbeitgeber kündigt, und nicht auch, wenn der Arbeitnehmer selbst kündigt.

Die Folgen einer Kündigung zur Unzeit (OR 336c II)

* Die Kündigung während einer Sperrfrist ist **nichtig.** Sie entfaltet also **keinerlei Wirkungen;** das Arbeitsverhältnis dauert fort.
* Sofern die Kündigung vor dem Beginn einer Sperrfrist erfolgt ist, aber innerhalb der Kündigungsfrist eine Sperrfrist zu laufen beginnt, bleibt die **Kündigungsfrist** während der Dauer der Sperrfrist **stehen** (OR 336c II). Am Tag nach Ablauf der Sperrfrist läuft die Kündigungsfrist weiter. Das Arbeitsverhältnis endet am letzten Tag des Monats, in dem die Sperrfrist abgelaufen ist.

Beispiel

Johann Müller arbeitet seit drei Jahren bei der X-AG. Am 30. Juni kündigt die X-AG das Arbeitsverhältnis ordnungsgemäss auf Ende August. Am 7. Juli wird Johann Müller für zwei Wochen krank. Während dieses Zeitraums bleibt die Kündigungsfrist stehen. An sich würde das Arbeitsverhältnis Mitte September enden. Da aber der Kündigungstermin immer am Ende eines Monats liegt, ist das Arbeitsverhältnis erst am 30. September beendet (OR 336c IV).

Auch zugunsten des Arbeitgebers gilt eine Kündigungssperrfrist. Der Arbeitnehmer darf nicht kündigen, wenn einer seiner Vorgesetzten Militärdienst leistet und er dessen Aufgabe übernehmen muss (OR 336d).

6.1.4 Massenentlassung und Sozialplan

Von einer Massenentlassung spricht man, wenn ein Arbeitgeber einer **Vielzahl** von Mitarbeitenden innerhalb eines **Zeitraums von 30 Tagen** kündigt, ohne dass die Gründe dafür in der Person der Gekündigten liegen. In OR 335d ist je nach Grösse des Betriebs definiert, wie vielen Mitarbeitern gekündigt werden muss, damit man von einer Massenentlassung spricht.

Typische **Anwendungsfälle** sind die Schliessung von Abteilungen oder von ganzen Betrieben. Ausgenommen von den Regeln der Massenentlassungen sind aber Entlassungen im Konkurs des Unternehmens oder bei der Sanierung durch einen Nachlassvertrag (OR 335e).

In OR 335f–335k ist ein **Verfahren** vorgesehen, das der Arbeitgeber bei Massenentlassungen einhalten muss. Dieses sieht folgende Massnahmen des Arbeitgebers vor:

- Vorgängige **Information** und **Konsultation** der Arbeitnehmervertretung des Betriebs oder – wenn diese fehlt – aller Arbeitnehmer.
- Verhandlungen über einen **Sozialplan** (sofern ein Betrieb mehr als 250 Mitarbeiter beschäftigt und 30 oder mehr Kündigungen ausgesprochen werden).
- Schriftliche Anzeige der Massenentlassung und des Konsultationsergebnisses an das **kantonale Arbeitsamt**. Die Arbeitsverhältnisse enden frühestens 30 Tage nachdem die Anzeige an das Arbeitsamt erfolgt ist.

Hinweis

«Der **Sozialplan** ist eine Vereinbarung, in welcher der Arbeitgeber und die Arbeitnehmer die Massnahmen festlegen, mit denen Kündigungen vermieden, deren Zahl beschränkt sowie deren Folgen gemildert werden können.» (OR 335h)

Typische Inhalte sind: Bestimmungen betreffend Einstellungsstopp, Finanzierung von Outplacement, Durchhalteprämien, vorzeitige Pensionierungen, Abgangsentschädigungen usw.

6.2 Die fristlose Kündigung (OR 337–337d)

Die **fristlose Kündigung** ist eine Art Notbremse. Sie wird ausgesprochen, wenn **wichtige Gründe** vorliegen. Das ist dann der Fall, wenn die Fortführung des Arbeitsverhältnisses bis zum Ablauf des ordentlichen Kündigungstermins (unbefristete Arbeitsverhältnisse) bzw. bis zum Ablauf der vereinbarten Dauer (befristete Arbeitsverhältnisse) für den Kündigenden **unzumutbar** wäre. Das setzt einen **krassen Verstoss** des Vertragspartners voraus.

Als **wichtige Gründe** gelten:

- **Straftaten** gegen den Vertragspartner, wie z. B. Diebstahl, das Fälschen von Spesenabrechnungen, Tätlichkeiten oder schwerwiegende Ehrverletzungen.
- **Falsche Angaben** zur eigenen Person bzw. zum Unternehmen bei der Anstellung, soweit sie mit der Arbeit in einem direkten sachlichen Zusammenhang stehen und für das Arbeitsverhältnis wesentlich sind.
- Konkurrenzierung des Arbeitgebers mit **Schwarzarbeit** oder Annahme von **Schmiergeldern.**
- Verraten von **Geschäftsgeheimnissen.**
- **Wiederholtes Fernbleiben vom Arbeitsplatz** trotz Mahnung (ein einmaliges «Blaumachen» genügt jedoch nicht, i. d. R. braucht es zunächst eine Verwarnung des Arbeitgebers) oder beharrliche **Arbeitsverweigerung.**
- **Nichtzahlung des Lohns trotz Mahnung:** Die Zahlungsunfähigkeit des Arbeitgebers ist in OR 337a als speziell wichtiger Grund separat geregelt.

Keine wichtigen Gründe sind dagegen **leichtere Pflichtverletzungen,** wie das Nichteinhalten der Arbeitszeit, das Missachten der Hausordnung, das Nichtbeachten von Weisungen usw., oder aufseiten des Arbeitgebers Verzögerungen der Lohnzahlung. Wiederholen sich solche Verfehlungen, so kann man eine Verwarnung (am besten schriftlich) aussprechen mit der Drohung, man werde im Wiederholungsfall fristlos kündigen. In diesem Fall ist dann eine fristlose Kündigung zulässig.

Wer fristlos kündigen will, muss das **sofort** tun (innert 2–3 Tagen). Wartet der Kündigende länger, dann ist das ein Zeichen, dass die Fortführung des Arbeitsverhältnisses eben doch zumutbar ist. Dann bleibt nur noch die ordentliche Kündigung.

[6-3]   Rechtsfolgen einer fristlosen Kündigung

```
┌─────────────────────────────────────────────────┐
│  Rechtsfolgen einer ausserordentlichen Kündigung │
└─────────────────────────────────────────────────┘
```

Gerechtfertigte Kündigung	Nicht gerechtfertigte Kündigung
• Sofortige Beendigung des Arbeits-verhältnisses	• Beendigung des Arbeitsverhältnisses • Schadenersatzansprüche • Entschädigung

Die **Rechtsfolgen** hängen davon ab, ob die fristlose Kündigung gerechtfertigt ist oder nicht:

- Bei einer **gerechtfertigten** fristlosen Kündigung **endet das Arbeitsverhältnis** mit dem Empfang der Kündigung. Von diesem Moment an muss der Arbeitnehmer keine Arbeit mehr leisten und der Arbeitgeber schuldet keinen Lohn mehr. Sämtliche Ansprüche, die schon vor der Kündigung bestanden haben, bleiben aber erhalten (Lohnzahlung bis zur fristlosen Kündigung, geleistete Überstunden, aufgelaufene Ferienansprüche, anteilsmässiger 13. Monatslohn usw.).
- Wird eine fristlose Kündigung **ungerechtfertigt** ausgesprochen, so ist die Kündigung wirksam und das Arbeitsverhältnis wird ebenfalls sofort aufgelöst. Der Gekündigte kann aber gemäss OR 337c folgende **Schadenersatzansprüche** stellen: Zunächst einmal soll er **finanziell gleichgestellt** werden, wie wenn eine zulässige ordentliche Kündigung ausgesprochen worden wäre. Der Arbeitnehmer kann also den Lohn dieses Zeitraums verlangen (ausgenommen jene Einsparungen, die ihm durch das Nichterscheinen zur Arbeit erwachsen). Zusätzlich kann der Richter dem Arbeitnehmer eine **Entschädigung bis zu maximal sechs Monatslöhnen** zusprechen (OR 337c III).

Für den **Schadenersatzanspruch des Arbeitgebers** bei ungerechtfertigter fristloser Kündigung des Arbeitnehmers (i. d. R. Nichtantritt oder Verlassen der Stelle) sieht das OR 337d eine **Pauschalentschädigung** von einem Viertel eines Monatslohns vor. Ist sein Schaden grösser, kann er diesen ebenfalls einfordern. Er ist dafür allerdings beweispflichtig. Umgekehrt kann der Arbeitnehmer beim Richter Reduktion der Entschädigung verlangen, wenn der effektive Schaden weniger als einen Viertel des Monatslohns beträgt (OR 337d).

Wer sich gegen eine **fristlose Kündigung wehren** will, muss rasch handeln. Er muss beim Kündigenden sofort gegen die Kündigung protestieren, und zwar aus Beweisgründen mit einem eingeschriebenen Brief. Ein Schweigen könnte nämlich als Zustimmung zur Kündigung aufgefasst werden. Ist unklar, ob die Gründe für die fristlose Kündigung zulässig sind, kann der Gekündigte eine schriftliche Begründung verlangen.

Hinweis

Vor allem für den Arbeitgeber ist die fristlose Kündigung eine riskante Sache. Selbst wenn sich der Arbeitnehmer ernste Verfehlungen hat zuschulden kommen lassen, ist nie ganz sicher, ob ein Gericht den Kündigungsgrund als wichtig anerkennen würde. Daher wählen in Zweifelsfällen viele Arbeitgeber folgendes Vorgehen: Sie kündigen ordentlich und stellen den Arbeitnehmer während der Kündigungsfrist von weiterer Arbeitsleistung frei. Damit umgehen sie das Risiko, zusätzlich zum Lohn die Entschädigung von OR 337c III (max. sechs Monatslöhne) zahlen zu müssen.

6.3 Die Folgen der Beendigung (OR 339–341)

Das Ende des Arbeitsverhältnisses hat verschiedene Folgen. Wichtig sind: Fälligkeit aller Forderungen, Rückgabepflichten, Abgangsentschädigung, Konkurrenzverbot.

6.3.1 Fälligkeit der Forderungen und Rückgabepflichten

Mit der Beendigung des Arbeitsverhältnisses (Ablauf der Kündigungsfrist oder der vereinbarten Vertragsdauer) **erlöschen** die gegenseitigen Rechte und Pflichten der Parteien. Nur einzelne Nebenpflichten wirken weiter, vor allem die Geheimhaltungspflicht aufseiten des Arbeitnehmers sowie die Zeugnis- und Referenzpflicht aufseiten des Arbeitgebers. Sämtliche aus dem Arbeitsvertrag entstandenen Forderungen werden **fällig** (OR 339) und die Parteien haben sich alles **zurückzugeben,** was sie einander für die Zusammenarbeit zur Verfügung gestellt haben (OR 339a).

Die Saldoquittung – ein Problem aus der Praxis: Nicht selten lassen Arbeitgeber ihre Arbeitnehmer beim Austritt Saldoquittungen unterschreiben. Darin wird bestätigt, dass der Arbeitgeber sämtliche geschuldeten Leistungen erbracht hat. Derartige Saldoquittungen sind wirkungslos während der ganzen Dauer und innerhalb eines Monats nach Beendigung des Arbeitsverhältnisses (OR 341 I).

6.3.2 Die Abgangsentschädigung (OR 339b–339d)

Arbeitnehmer, die mindestens 50 Jahre alt sind und mehr als 20 Jahre beim Arbeitgeber beschäftigt waren, haben Anspruch auf eine Abgangsentschädigung. Ihre Höhe kann vereinbart sein, muss aber **mindestens zwei Monatslöhne** betragen. An die Stelle der Abgangsentschädigung können Pensionskassenleistungen treten.

6.3.3 Das Konkurrenzverbot (OR 340–340c)

Wenn der Arbeitgeber nicht möchte, dass ausscheidende Mitarbeiter zur Konkurrenz überlaufen oder selbst ein Konkurrenzunternehmen aufbauen, nimmt er ein Konkurrenzverbot in den Arbeitsvertrag auf. Es kann nur **schriftlich** vereinbart werden.

Ein Konkurrenzverbot kann den Arbeitnehmer sehr stark einschränken. Deshalb lässt das OR Konkurrenzverbote nur unter folgenden Voraussetzungen zu:

- Ein Konkurrenzverbot kann nur mit Mitarbeitenden vereinbart werden, die **Einblick** in den Kundenkreis oder in Fabrikations- und Geschäftsgeheimnisse haben und die durch die Verwendung dieser Kenntnisse den Arbeitgeber **erheblich schädigen** könnten (OR 340 II).
- Ein Konkurrenzverbot muss **örtlich, zeitlich** und **inhaltlich** angemessen beschränkt sein, sodass das wirtschaftliche Fortkommen des Arbeitnehmers nicht vollständig ausgeschlossen ist (OR 340a I).

Hinweis

OR 340a I gibt eine Richtlinie für die zeitliche Schranke: Länger als **drei Jahre** darf ein Konkurrenzverbot im Normalfall nicht dauern. Auch örtlich und inhaltlich können wir eine allgemeine Richtschnur vorgeben: Ein Konkurrenzverbot ist nur zulässig, soweit der Arbeitgeber ein **schützenswertes Interesse** daran hat. Deshalb darf ein nur in der Deutschschweiz tätiges Unternehmen das Konkurrenzverbot nicht auf die ganze Schweiz ausdehnen. Ähnliches gilt für den inhaltlichen Umfang. Einem in der Krebsforschung tätigen Chemiker darf nicht verboten werden, für ein Unternehmen in der Agrochemie tätig zu werden.

Ein übermässiges Konkurrenzverbot ist nicht einfach nichtig. Der Arbeitnehmer kann aber verlangen, dass es vom Richter herabgesetzt wird (OR 340a II). Gar keine Wirkung entfaltet ein Konkurrenzverbot, wenn der **Arbeitgeber** das Arbeitsverhältnis kündigt, ohne dass ihm der Arbeitnehmer dazu begründeten Anlass gegeben hat, bzw. wenn der Arbeitnehmer aus einem Grund kündigt, der beim Arbeitgeber liegt (OR 340c II).

Was geschieht, wenn ein (ehemaliger) Arbeitnehmer gegen das Konkurrenzverbot **verstösst,** beantwortet OR 340b: Er wird schadenersatzpflichtig. Die Höhe des Schadens muss aber vom (alten) Arbeitgeber bewiesen werden, und das ist regelmässig sehr schwierig. Daher wird in Konkurrenzverboten meistens eine **Konventionalstrafe** vereinbart, die der ehemalige Arbeitgeber bei einem Verstoss gegen das Konkurrenzverbot einfordern kann, ohne dass er das Ausmass des Schadens beweisen muss. Die Höhe der Konventionalstrafe kann grundsätzlich beliebig vereinbart werden, doch kann der Arbeitnehmer bei unangemessener Höhe gerichtlich eine Reduktion verlangen. Die Gerichte haben dabei die Tendenz, sie auf zwei bis drei Monatslöhne zu reduzieren.

Die Vereinbarung einer Konventionalstrafe hat aber auch für den Arbeitnehmer Vorteile. OR 340b II sieht nämlich vor, dass sich ein Arbeitnehmer durch **Bezahlung der Konventionalstrafe** vom Konkurrenzverbot **befreien** kann. In der Praxis wird die Konventionalstrafe oft vom neuen Arbeitgeber bezahlt, der an der Zusammenarbeit mit dem betreffenden Arbeitnehmer interessiert ist.

6.4 Streitigkeiten aus dem Arbeitsverhältnis

Das Rechtsverfahren

Im Arbeitsrecht gelten Verfahrensvereinfachungen, die vor allem zugunsten der Arbeitnehmer aufgestellt wurden. Bis zu einem Streitwert von **30 000 Franken** geniessen die Parteien folgende Vorzüge:

- **Vereinfachtes Verfahren.** Das Verfahren verläuft rascher als ein ordentlicher Zivilprozess. Die Parteien müssen aber nach der ZPO ein Schlichtungsverfahren absolvieren, bevor sie vor Gericht klagen können.
- Das Gerichtsverfahren ist **kostenlos.** Es fallen weder Gerichtsgebühren noch Auslagen an, wohl aber Anwaltskosten.
- Das Gericht hat eine **Fragepflicht** und muss den Sachverhalt von Amts wegen abklären. Trotzdem haben die Parteien jederzeit das Recht, die Klage zurückzuziehen, anzuerkennen oder einen Vergleich zu schliessen.

Welches Gericht ist zuständig bei arbeitsrechtlichen Streitigkeiten?

Für arbeitsrechtliche Klagen ist wahlweise das **Gericht**

- am Wohnsitz oder Sitz der beklagten Partei oder
- am Ort, an dem der Arbeitnehmer gewöhnlich die Arbeit verrichtet, zuständig (ZPO 34).

Diese örtliche Gerichtsstandsregel ist **zwingend.** Die Parteien können von ihr nicht zum Voraus abweichen. Nach Entstehung eines Streits ist die Vereinbarung eines anderen Gerichtsstands jedoch zulässig.

Ein Arbeitsverhältnis kann aus **vier** Gründen enden:

- **Zeitablauf** (Ablauf der Vertragsdauer beim befristeten Arbeitsverhältnis)
- **Tod** des Arbeitnehmers
- **Aufhebungsvertrag**
- Ordentliche **Kündigung** bzw. fristlose Kündigung

Für die **ordentliche Kündigung** von unbefristeten Arbeitsverhältnissen gilt der **Grundsatz der Kündigungsfreiheit:** Unter Beachtung der gesetzlichen **Kündigungsfristen** und des gesetzlichen **Kündigungsschutzes** dürfen beide Parteien das Arbeitsverhältnis jederzeit und aus beliebigen Gründen kündigen.

Ein Arbeitsverhältnis kann aus **vier** Gründen enden:

- **Zeitablauf** (Ablauf der Vertragsdauer beim befristeten Arbeitsverhältnis)
- **Tod** des Arbeitnehmers
- **Aufhebungsvertrag**
- Ordentliche **Kündigung** bzw. fristlose Kündigung

Für die **ordentliche Kündigung** von unbefristeten Arbeitsverhältnissen gilt der **Grundsatz der Kündigungsfreiheit:** Unter Beachtung der gesetzlichen **Kündigungsfristen** und des gesetzlichen **Kündigungsschutzes** dürfen beide Parteien das Arbeitsverhältnis jederzeit und aus beliebigen Gründen kündigen.

Ordentliche Kündigung	• **Grundsatz der Kündigungsfreiheit:** Unter Beachtung der gesetzlichen Kündigungsfristen und des gesetzlichen Kündigungsschutzes dürfen beide Parteien das Arbeitsverhältnis **jederzeit und aus beliebigen Gründen** kündigen. • **Missbräuchliche Kündigung** (OR 336): Schadenersatzanspruch des Gekündigten, die Kündigung ist aber wirksam. • **Kündigung zur Unzeit:** Kündigungen während der Sperrfristen (OR 336c und 336d) sind nichtig bzw. Stillstand bei Eintritt der Sperrfrist während einer schon ausgesprochenen Kündigung (OR 336c II und III).

Fristlose (ausserordentliche) Kündigung	• Rechtmässig nur **aus wichtigem Grund** aussprechbar: Wenn eine Partei ihre Vertragspflichten derart krass verletzt hat, dass der anderen Partei die Fortsetzung des Arbeitsverhältnisses bis zur ordentlichen Beendigung nicht zugemutet werden kann.
	• **Ungerechtfertigte fristlose Kündigung**
	  • durch den Arbeitgeber: Beendigung des Arbeitsverhältnisses; Anspruch des Arbeitnehmers auf Lohnzahlung bis zur ordentlichen Beendigung des Arbeitsverhältnisses und auf zusätzliche Entschädigung von maximal sechs Monatslöhnen.
	  • durch den Arbeitnehmer: pauschaler Schadenersatzanspruch (ein Viertel eines Monatslohns) des Arbeitgebers.

Mit Beendigung des Arbeitsverhältnisses werden sämtliche Forderungen aus dem Arbeitsvertrag **fällig** und die Parteien haben sich alles **zurückzugeben,** was sie einander für die Zusammenarbeit gegeben haben.

Arbeitnehmer, die mindestens 50 Jahre alt sind und die mehr als 20 Jahre beim Arbeitgeber gearbeitet haben, haben Anspruch auf eine **Abgangsentschädigung.**

Ein **Konkurrenzverbot** besteht nach Ende des Arbeitsverhältnisses nur, wenn es schriftlich vereinbart wurde und wenn die Voraussetzungen von OR 340 bzw. 340a erfüllt sind.

Wer aus dem Arbeitsverhältnis entstehende Ansprüche auf dem Gerichtsweg geltend machen will, hat besondere Verfahrensvorschriften zu beachten:

- Bis zu einem **Streitwert von Franken 30 000** haben die Parteien Anspruch auf ein **einfaches, rasches und kostenloses Verfahren.**
- Für arbeitsrechtliche Klagen ist das Gericht
  - am **Wohnsitz der beklagten Partei** oder
  - am Ort, an dem der **Arbeitnehmer gewöhnlich die Arbeit** verrichtet, zuständig.

Repetitionsfragen

23

Andreas Herzog wird fristlos gekündigt, weil er gegen das Verbot der Schwarzarbeit und gegen die Geheimhaltungspflicht verstossen hat.

A] Wie müsste Andreas Herzog vorgehen, wenn er mit dieser Kündigung nicht einverstanden ist?

B] Wie beurteilen Sie seine Erfolgsaussichten? Suchen Sie im Gesetz die Formulierung, nach der man beurteilen muss, ob eine fristlose Kündigung gerechtfertigt ist, und argumentieren Sie.

24

Rolf Dobler arbeitet als Direktionsassistent beim Unternehmen F. Seine Chefin ist schon seit einiger Zeit mit seinen Leistungen nicht mehr zufrieden. Rolf Dobler arbeitet ihrer Ansicht nach nicht effizient genug. Als sich herausstellt, dass eine dringende Arbeit liegen geblieben ist, hat die Chefin genug. Sie bestellt Rolf Dobler in ihr Büro und kündigt ihm fristlos.

A] Ist eine fristlose Kündigung in diesem Fall zulässig?

B] Was kann Rolf Dobler erreichen, wenn er sich gegen die fristlose Kündigung zur Wehr setzt?

C] Kann Rolf Dobler eine Aufhebung der fristlosen Kündigung und dadurch eine Weiterbeschäftigung bewirken?

25

Wann enden die folgenden Arbeitsverhältnisse?

A] Stellenantritt am 1.10.2004; Eingang der Kündigung am 7.11.2005.

B] Stellenantritt am 1.2.2005; Eingang der Kündigung 12.2.2005.

26

Valentina Rodao wird im dritten Dienstjahr schwanger. Weil Komplikationen auftreten, darf sie ab dem sechsten Monat nicht mehr arbeiten.

Wann darf ihr der Arbeitgeber frühestens kündigen?

7 Besondere Einzelarbeitsverträge

Lernziele: Nach der Bearbeitung dieses Kapitels können Sie …

- den Lehrvertrag, den Handelsreisendenvertrag sowie den Heimarbeitsvertrag als besondere Einzelarbeitsverträge beschreiben.
- die Rechtsbeziehungen bei der Temporärarbeit in den Grundzügen beschreiben.

Schlüsselbegriffe: Handelsreisendenvertrag, Heimarbeitsvertrag, Lehrvertrag, Temporärarbeit

Für drei Arten von Arbeitsverhältnissen stellt das OR besondere Bestimmungen auf: für den **Lehrvertrag** (OR 344 ff.), den **Handelsreisendenvertrag** (OR 347 ff.) und den **Heimarbeitsvertrag** (OR 351 ff.). Diese Sonderbestimmungen gehen im Zweifelsfall den allgemeinen Regeln zum gewöhnlichen EAV vor.

7.1 Der Lehrvertrag (OR 344–346a)

Beim Lehrvertrag geht es nicht primär um den Austausch von Arbeit gegen Lohn, sondern um die **Ausbildung** der lernenden Person in einem bestimmten Beruf. Entsprechend stehen sich folgende Hauptpflichten gegenüber:

[7-1]   Lehrvertrag

Die Gefahr ist gross, dass die lernenden Personen als billige Arbeitskräfte ausgenutzt statt zur Fachkraft ausgebildet werden. Zu ihrem Schutz wurden deshalb die Artikel **344–346a** ins **OR** aufgenommen. Vor allem aber regelt das **Berufsbildungsgesetz** (BBG) die Einzelheiten der meisten Berufslehren. Der Lehrvertrag ist also teils im Einzelarbeitsvertragsrecht (privates Recht), teils im Berufsbildungsgesetz (öffentliches Recht) geregelt.

7.1.1 Besonderheiten beim Vertragsabschluss

Der Lehrvertrag muss in jedem Fall **schriftlich** abgeschlossen werden. Ist die lernende Person noch unmündig, dann muss neben der lernenden Person und dem Arbeitgeber auch der Inhaber des elterlichen Sorgerechts unterschreiben. Der Vertrag muss **zwingend ganz bestimmte Fragen regeln:** Art und Dauer der Ausbildung, Lohn, Probezeit, Arbeitszeit und Ferien. Abreden, die die lernende Person verpflichten, **nach dem Lehrabschluss** weiterhin beim Arbeitgeber zu arbeiten, sind **ungültig.** Untersteht der Lehrvertrag dem BBG, dann muss er **der kantonalen Behörde** zur **Genehmigung** vorgelegt werden.

7.1.2 Besondere Pflichten

Welche Pflichten die **lernende Person** hat, ist in **OR 345** klar umschrieben. Dem ist nur noch der Hinweis auf BBG 21 III hinzuzufügen, der den Besuch der Berufsfachschule für obligatorisch erklärt.

Die Pflichten des **Arbeitgebers** sind in **OR 345a** normiert. Besonders wichtig ist die Pflicht, dafür zu sorgen, dass die Berufslehre unter Verantwortung einer Fachkraft steht, die die dafür nötigen beruflichen Fähigkeiten und persönlichen Eigenschaften besitzt.

Ebenso wichtig ist es, der lernenden Person nur solche Aufgaben zu übertragen, die mit der Ausbildung zusammenhängen. Bei Verletzung dieser Pflicht kann sich die lernende Person oder ihr gesetzlicher Vertreter bei der **kantonalen Aufsichtsbehörde** beschweren.

7.1.3 Besonderheiten der Beendigung (OR 346)

Das Lehrverhältnis kann **ordentlich** nur während der Probezeit gekündigt werden. Danach sind nur die **fristlose** Kündigung (grobe Pflichtverletzung) und die vorzeitige Auflösung **in gegenseitigem Einverständnis** möglich. Der Arbeitgeber muss aber in jedem Fall die kantonale Behörde und die Berufsfachschule von der vorzeitigen Beendigung des Lehrverhältnisses schriftlich unterrichten.

7.2 Der Handelsreisendenvertrag (OR 347–350a)

Die **Handelsreisenden** vermitteln ausserhalb der Geschäftsräume Geschäfte für ihren Arbeitgeber oder schliessen sie selber ab (OR 347). Als Hauptpflicht stehen sich deshalb gegenüber:

[7-2]   Handelsreisendenvertrag

7.2.1 Besonderheiten beim Vertragsabschluss

Der Handelsreisendenvertrag muss schriftlich abgeschlossen werden und **zwingend einige Punkte** regeln, die in OR 347a I aufgezählt sind (v. a. Dauer, Vollmachten, Entgelt und Spesen).

7.2.2 Besondere Pflichten

Die Handelsreisenden müssen gemäss OR 348 die **Kundschaft** in der vorgeschriebenen Weise besuchen und dort die entsprechenden **Geschäfte** zu den vorgegebenen Bedingungen **vermitteln** oder **abschliessen** – ohne besondere Vollmacht sind Handelsreisende nur zur Vermittlung von Geschäften befugt (OR 348b). Abreden, mit denen Handelsreisende für die Erfüllung der vermittelten Verträge haften (sog. Delkredere), sind grundsätzlich ungültig (OR 348a).

Die besonderen Pflichten des **Arbeitgebers** sind in **OR 349–349e** geregelt. Wir erwähnen hier nur das Wichtigste: Der Arbeitgeber muss den Handelsreisenden einen **Lohn** zahlen, der aus einem festen Grundgehalt mit oder ohne Provision besteht; sie ausschliesslich oder **vorwiegend** mit **Provisionen** zu entlöhnen, ist nur zulässig, wenn das Entgelt der Tätigkeit angemessen ist.

7.3 Der Heimarbeitsvertrag (OR 351–354)

Die Heimarbeitnehmenden erbringen ihre Leistungen in der eigenen Wohnung oder einem anderen selber bestimmten Raum. Die gegenseitigen **Hauptpflichten** sind die folgenden:

[7-3] Heimarbeitsvertrag

7.3.1 Besondere Bestimmungen

Für gewerbliche und industrielle Heimarbeit gelten neben dem OR noch die Bestimmungen des **Heimarbeitsgesetzes** (öffentliches Recht).

7.3.2 Besondere Pflichten

Die besonderen Pflichten des **Heimarbeitnehmers** regeln OR 352 und 352a; sie betreffen die Ausführung der Arbeit sowie den Umgang mit Material und Arbeitsgeräten.

Die **Arbeitgeber-Pflichten** sind in OR 351a und 353 ff. normiert. Der Arbeitgeber muss die Arbeitserzeugnisse nach Ablieferung prüfen und Mängel innert einer Woche dem Heimarbeitnehmer bekannt geben, sonst gilt die Arbeit als abgenommen (OR 353). Arbeitet der Heimarbeitnehmer nur vorübergehend oder sporadisch für einen Arbeitgeber, dann hat er keinen Anspruch auf Lohnfortzahlung, wenn er krank, verunfallt oder aus einem anderen persönlichen Grund an der Arbeit verhindert ist. Für die gewerbliche und industrielle Heimarbeit bestimmt das Heimarbeitsgesetz, dass die Löhne nicht tiefer sein dürfen als jene, die im Betrieb bezahlt werden.

7.4 Die Temporärarbeit

Auch die **Temporärarbeit** ist ein besonderes Arbeitsverhältnis. Sie ist im **Arbeitsvermittlungsgesetz** (AVG) geregelt. Anders als beim «gewöhnlichen» Arbeitsverhältnis sind bei der Temporärarbeit nicht nur zwei, sondern drei Parteien beteiligt: der **Arbeitnehmer,** die **Temporärfirma** und die **Einsatzfirma**. Entsprechend kompliziert sind die **Rechtsverhältnisse:**

[7-4]   Temporärarbeit

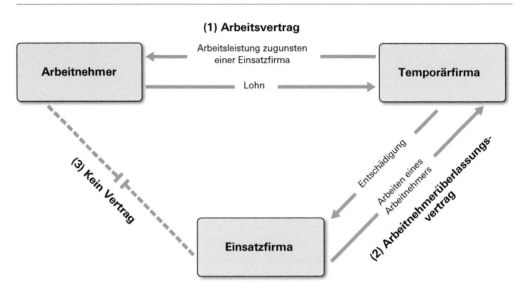

7.4.1   Temporärarbeitnehmende – Temporärfirma

Zwischen diesen zwei Parteien besteht ein **Arbeitsvertrag** mit der Besonderheit, dass der Arbeitnehmer bei einer Drittfirma (Einsatzfirma) arbeiten muss. Der Arbeitsvertrag muss gemäss AVG 22 **schriftlich** abgefasst werden und eine Reihe gesetzlich vorgeschriebener Angaben enthalten.

Bezüglich der **Kündigung** enthält AVG 19 IV eine besondere Regelung: verkürzte Kündigungsfrist von mindestens zwei Tagen während der ersten drei Monate ununterbrochener Anstellung und von sieben Tagen vom vierten bis und mit sechsten Monat. Nachher gilt die Regelung des OR, sofern keine andere vertragliche Abmachung besteht. Gemäss AVG 19 V sind vertragliche Abmachungen nichtig, die es dem Arbeitnehmer verunmöglichen oder erschweren, nach Ablauf des Arbeitsvertrags (also des temporären Einsatzes) in die Einsatzfirma einzutreten. Will sich die Temporärfirma gegen Abwerbung absichern, macht sie das am besten durch eine entsprechende Klausel im Vertrag mit der Einsatzfirma, gekoppelt mit einer Konventionalstrafe.

7.4.2   Temporärfirma – Einsatzfirma

Hier handelt es sich um ein Vertragsverhältnis spezieller Art, das im OR nirgends geregelt ist, den sog. **Dienstverschaffungs-** oder **Arbeitnehmerüberlassungsvertrag.** Dieser Vertrag verpflichtet die Temporärfirma, gegen Bezahlung einen für die entsprechende Arbeit geeigneten Temporärarbeitnehmenden «auszuleihen». Entspricht die entliehene Arbeitskraft den vereinbarten Bedingungen nicht, dann haftet die Temporärfirma für den Schaden.

7.4.3   Einsatzfirma – Temporärarbeitnehmende

Zwischen diesen beiden Parteien besteht **kein Vertrag.** Der Vertrag mit der Temporärfirma verpflichtet den Arbeitnehmer aber, bei der Einsatzfirma gemäss deren Weisungen zu arbeiten. Dabei ist er aber nur zu Arbeiten verpflichtet, die mit der Temporärfirma vereinbart wurden. Umgekehrt hat die Einsatzfirma im gleichen Umfang die Fürsorgepflicht einzuhalten, insbesondere die Persönlichkeit des Arbeitnehmers zu schützen.

Abgesehen davon liegen **alle Pflichten und Rechte** aus dem Arbeitsvertrag **bei der Temporärfirma.** Die Einsatzfirma zahlt z. B. Temporärarbeitnehmenden keinen Lohn und kann ihnen auch nicht kündigen. Ist sie mit einer Arbeitskraft unzufrieden, muss sie von der Temporärfirma eine andere verlangen.

Zu den besonderen Einzelarbeitsverträgen gehören der **Lehrvertrag,** der **Handelsreisendenvertrag** und der **Heimarbeitsvertrag** sowie der **Temporärarbeitsvertrag.**

- Der **Lehrvertrag** zwischen der lernenden Person und dem Arbeitgeber ist nicht nur in **OR 344–346a,** sondern vor allem im **Berufsbildungsgesetz** (BBG) geregelt. Zum Schutz der lernenden Person bestehen **besondere Normen** über Abschluss und Beendigung des Lehrvertrags, Anforderungen an den Arbeitgeber, Gestaltung der Ausbildung und über die Pflichten von lernenden Personen, gesetzlichem Vertreter und Arbeitgeber.
- Der **Handelsreisende** vermittelt ausserhalb der Geschäftsräume Geschäfte für seinen Arbeitgeber oder schliesst sie auf dessen Rechnung selber ab. **OR 347 bis 350a** enthalten bezüglich Vertragsabschluss, Pflichten und Beendigung einige spezielle Bestimmungen.
- Das Merkmal des **Heimarbeitsvertrags** ist, dass der Heimarbeitnehmer in einem selber bestimmten eigenen Raum Arbeit leistet. **OR 351 bis 354** enthalten Bestimmungen zu den besonderen Pflichten und der Beendigung des Heimarbeitsverhältnisses.
- Beim **Temporärarbeitsvertrag** verpflichtet sich ein Arbeitnehmer, für die Temporärfirma zu arbeiten, die Arbeitsleistung aber bei einem Dritten (Einsatzfirma) zu erbringen. Ein EAV besteht nur zwischen der Temporärfirma und dem Arbeitnehmer.

Repetitionsfragen

27

Hans Frank schliesst mit dem Unternehmen BM AG einen Vertrag ab, in dem steht: «Hans Frank ist als Vertreter auf Provisionsbasis für BM AG tätig. Er ist befugt, Geschäfte für BM AG zu vermitteln.»

A] Liegt in diesem Fall eher ein gewöhnlicher Arbeitsvertrag oder tatsächlich ein Handelsreisendenvertrag vor?

B] Hans Frank möchte auch selber Geschäfte abschliessen können. Unter welchen Voraussetzungen ist ihm dies erlaubt?

28

Sandra Gerber möchte einen Lehrling in ihr Team aufnehmen und ihn ausbilden. Welchen formellen und inhaltlichen Erfordernissen muss der Lehrvertrag entsprechen?

29

Sandra Gerber und ihr Team haben wiederholt bei der Geschäftsführerin interveniert, um eine temporäre Arbeitskraft einsetzen zu können. Schliesslich gibt die Geschäftsführerin nach und bewilligt das entsprechende Budget. Allerdings stellt sich die temporäre Mitarbeiterin, Ursula Linder, als ineffizient und nachlässig heraus. Die Geschäftsführerin möchte sie deshalb nicht mehr weiterbeschäftigen. Was kann sie unternehmen?

Teil C   Weitere Verträge auf Arbeitsleistung

Einstieg

Massimo Rizzo, der Leiter Infrastruktur einer grösseren Unternehmensberatung, hat für die Neugestaltung der Büroräumlichkeiten einen Schreiner mit der Anfertigung von Garderobe-Elementen beauftragt. Es besteht dafür kein detaillierter schriftlicher Vertrag; die Anforderungen an die Garderobe-Elemente besprach Massimo Rizzo mündlich mit dem Schreiner und das Geschäft wurde «per Handschlag» abgemacht.

Im Nachhinein stellt sich dies als nicht besonders glücklich heraus: Der Schreiner liefert die Garderobe-Elemente etwas dunkler gebeizt und in leicht abweichenden Massen, als Massimo Rizzo mit ihm vereinbart hatte. Dennoch beschliesst Massimo Rizzo, die gelieferten Elemente anzunehmen. Er fragt sich allerdings, welche Rechte er in diesem Fall gemäss Gesetz eigentlich hätte.

Was lernen Sie?

Sie verstehen die rechtlichen Grundlagen und Besonderheiten der weiteren Verträge auf Arbeitsleistung.

- **Kapitel 8** behandelt den Werkvertrag.
- **Kapitel 9** geht auf den Auftrag und die besonderen Auftragsverhältnisse, den Makler-, Agentur- und Kommissionsvertrag, ein.

8 Der Werkvertrag

Lernziele: Nach der Bearbeitung dieses Kapitels können Sie ...

- anhand von Beispielen erklären, ob es sich bei einem Rechtsverhältnis um einen Werkvertrag handelt.
- die Rechte und Pflichten von Werkunternehmer und Werkbesteller anhand von Beispielen erklären.

Schlüsselbegriffe: Minderung, Nachbesserung, Rücktritt, Wandelung, Werk, Werkmangel, Werklohn, Werkvertrag

Beim Werkvertrag geht es um einen **messbaren Erfolg,** die Herstellung eines Werks. Der eine Vertragspartner stellt ein **körperliches** oder **geistiges Werk** her. Der Werkhersteller heisst (Werk-)**Unternehmer.** Dafür erhält er eine Vergütung vom (Werk-)**Besteller.**

8.1 Was ist ein Werkvertrag?

[8-1]   Werkvertrag (OR 363)

Drei Fragen müssen wir in diesem Abschnitt klären: Was ist ein **Werk?** Wodurch **unterscheidet** sich der Werkvertrag von ähnlichen Verträgen? Welche **besonderen Erscheinungsformen** des Werkvertrags gibt es?

8.1.1 Was ist ein Werk?

Ein **Werk** im Sinn des Werkvertrags ist jede durch ihr **Ergebnis definierte Arbeitsleistung.** Der Werkunternehmer verspricht einen bestimmten Erfolg. Erst wenn er das Werk abliefert, hat er erfüllt.

[8-2]   Was ist ein Werk?

Definition	Beispiele
Körperliche und geistige Arbeiten	- Der Künstler stellt eine Bronzeplastik gegen Bezahlung her. - Der Texter erfindet neue Werbetexte für einen Kunden. - Ein Informatiker entwickelt ein neues Computerprogramm. - Der Spengler montiert Dachrinnen.
Herstellung und Bearbeitung bzw. Reparatur	- Der Zimmermann baut eine neue Holztreppe oder er repariert sie. - Der Stahlbauer baut eine spezielle Vorrichtung auf die Ladebrücke eines Lastwagens. - Der Autolackierer spritzt den Kotflügel neu.

8.2 Die Pflichten des Unternehmers

Der Unternehmer muss das **Werk** wie vereinbart **herstellen** und es dem Besteller rechtzeitig **abliefern.** Was passiert aber, wenn er **nicht richtig erfüllt?** – Hier muss man unterscheiden, ob der Unternehmer **verspätet** liefert oder ob das Werk **fehlerhaft** ist.

8.2.1 Verspätung

Bei der Verspätung kommen grundsätzlich die **allgemeinen Verzugsregeln** zur Anwendung: Mahnung, Nachfrist und Wahlrecht (vgl. OR 102 ff.).

Folgende **Besonderheit** besteht beim Werkvertrag: Wenn **voraussehbar** ist, dass das
Werk nicht rechtzeitig fertiggestellt wird, kann der Besteller noch vor Ablauf der Lieferfrist
gegen den Unternehmer vorgehen (s. Kap. 8.2.5, S. 89).

8.2.2 Werkmangel

Wie beim Kaufvertrag gilt auch hier als wichtigste **Grundregel,** dass der Unternehmer
unabhängig vom eigenen **Verschulden** für allfällige Fehler des Werks einstehen muss.

Wann ist ein Werk mangelhaft?

Ein Werk ist mangelhaft, wenn es **nicht** so ist, wie es gemäss Vereinbarung sein **sollte.**
Etwas konkreter kann man sagen: Ein Werk ist mangelhaft, wenn es auch als Gegenstand
eines **Kaufvertrags** mangelhaft wäre. Ein Werkmangel liegt demnach in **drei** Fällen vor:

[8-3]   Werkmangel

Kriterium	Erklärung
Zweckbestimmte Eigenschaft	Dem Werk fehlt eine bestimmte Eigenschaft; deswegen kann es nicht wie vorgesehen verwendet werden. **Beispiel:** Hauseigentümer H lässt das Aussentreppengeländer neu streichen. Doch der Maler verwendet eine Farbe, die nicht wetterfest ist. Schon nach wenigen Monaten blättert sie wieder ab. Das Werk ist mangelhaft.
Wertbestimmende Eigenschaft	Dem Werk fehlt eine bestimmte Eigenschaft; deswegen ist es weniger wert. **Beispiel:** Der Maler trägt die Farbe nicht sorgfältig auf und es bilden sich Farbtropfen. Die Funktionstauglichkeit des Anstrichs (Rostschutz) ist zwar nicht eingeschränkt, aber das Geländer ist unansehnlich geworden und deswegen weniger wert. Auch hier liegt ein Mangel vor.
Vereinbarte Eigenschaft	Dem Werk fehlt eine Eigenschaft, die der Unternehmer ausdrücklich zugesichert hat. **Beispiel:** Der Maler streicht das Treppengeländer rosa statt, wie vereinbart, gelbgrün an. Bei grösseren Projekten wird oft in einem detaillierten Anforderungs- katalog (Pflichtenheft) festgelegt, welche Eigenschaften das zu erstellende Werk (z. B.: eine Computersoftware) aufweisen muss.

Abnahme des Werks

Der Werkbesteller muss das Werk umgehend nach Ablieferung **prüfen** und dem Werkunternehmer allfällige festgestellte Mängel **melden** (Mängelrüge; vgl. OR 367).

Das Werk ist **genehmigt,** wenn der Werkbestellter die Abnahmeprüfung zu spät durchführt bzw. nach rechtzeitiger Prüfung nicht sofort Mängelrüge erhebt (OR 370 I und II).

Sobald das Werk genehmigt ist, haftet der Werkunternehmer nicht mehr für offene Mängel, sondern nur noch für **versteckte Mängel.** Das sind Mängel, die bei einer ordnungsgemässen Abnahmeprüfung nicht erkennbar sind.

Haftungsdauer für versteckte Mängel

Für **bewegliche Sachen** dauert die Haftung zwei Jahre seit Abnahme des Werks. So lange muss der Werkunternehmer für versteckte Mängel einstehen (OR 371 I).

Hinweis

Eine besondere Verjährungsfrist von 5 Jahren gilt nach OR 371 I für bewegliche Sachen, die bestimmungsgemäss in Bauwerke eingebaut wurden und die zu einem Mangel am Bauwerk geführt haben.

Für versteckte Mängel an einem **Bauwerk** beträgt die Haftungsdauer fünf Jahre seit Abnahme des Werks (OR 371 II). So lange müssen der Werkunternehmer, der Architekt bzw. der Bauingenieur für allfällige versteckte Mängel geradestehen.

Die Wahlmöglichkeiten des Bestellers bei Vorliegen von Mängeln

Weist das Werk einen Mangel auf, kann der Besteller den Vertrag auflösen (Wandelung), den Werklohn herabsetzen (Minderung) oder eine Nachbesserung verlangen.

[8-4] Wahlmöglichkeiten bei Werkmangel

Möglichkeit	Erklärung
Wandelung	Der Besteller macht den Vertrag rückgängig: Er gibt das Werk zurück und verlangt den Werklohn retour (OR 368 I). Wandelung ist nur bei einem **gravierenden** Fehler möglich. Das ist der Fall, wenn das Werk für den Besteller schlicht **unbrauchbar** ist.
Minderung	Der Besteller kann auch den Werklohn herabsetzen und dem Unternehmer weniger als vereinbart bezahlen. Die Höhe der Minderung entspricht meistens der Höhe der Reparaturkosten.
Nachbesserung	Schliesslich kann der Besteller verlangen, dass der Unternehmer den Fehler behebt. Diese Möglichkeit hat er nur, wenn die Kosten für die Nachbesserung **nicht unverhältnismässig** hoch sind im Vergleich zum Nutzen für den Besteller.

Für Mängel muss der Werkunternehmer auch einstehen, wenn er diese nicht verschuldet hat. Seine Haftung entfällt nur dann, wenn der Besteller dem Unternehmer **falsche Anweisungen** gegeben hat oder ihm **fehlerhaftes Material** zur Verfügung stellt. Sobald der Unternehmer erkennt, dass das Werk aus einem solchen Grund fehlerhaft sein wird, muss er den Besteller darauf aufmerksam machen (Abmahnung, OR 365 III, 369).

Schadenersatz

Regelmässig erleidet der Besteller wegen des Werkmangels finanzielle Einbussen (Umtriebe, entgangener Gewinn, Folgeschäden usw.). Dafür kann er Schadenersatz verlangen, wenn der Unternehmer den Mangel **absichtlich** oder **fahrlässig** verursacht hat.

8.2.3 Vereinbarungen über die Abnahme

Die Bestimmungen über die Mängelhaftung beim Werkvertrag sind weitgehend dispositiv. Die Vertragspartner können deshalb andere Regelungen vorsehen.

Vereinbarungen über das Abnahmeverfahren und die Mängelrechte

Bei grösseren Projekten treffen die Vertragspartner regelmässige Vereinbarungen über die Abnahme des Werks. Folgende Regelungen sind gebräuchlich:

- In detaillierten **Anforderungskatalogen** (Pflichtenheften) vereinbaren die Vertragspartner, welche Eigenschaften das Werk genau haben soll. Dabei wird oft auch festgelegt, was gravierende Mängel sind, die das Werk für den **Unternehmer unbrauchbar** im Sinne von OR 368 I machen («Must»-Kriterien).
- Vereinbarungen über das **Abnahmeverfahren.** Darin wird festgelegt, welche Prüfungsschritte vorzunehmen sind, in welcher Frist das zu geschehen hat und wie vorzugehen ist, wenn Mängel festgestellt werden.

Vereinbarungen über die Haftungsdauer

Im B2B-Geschäft (business to business) können die Vertragspartner die Haftungsdauer für Mängel beliebig vereinbaren, d. h. verlängern und verkürzen.

Im B2C-Geschäft (business to customer) gelten sinngemäss die gleichen Bestimmungen wie bei der Sachgewährleistung im Kaufvertrag (OR 371 III).

- Für **neue erstellte Werke** ist die Verkürzung der Mängelhaftung auf unter 2 Jahre unzulässig.
- Für **Reparaturen** kann die Mängelhaftung begrenzt werden, sie muss aber im Minimum 1 Jahr betragen.

Vertraglicher Ausschluss der Haftung für leichte Fahrlässigkeit

Vertraglich kann die Haftung für leicht **fahrlässig** verursachte Schäden **ausgeschlossen** werden, ein Haftungsausschluss für grobe Fahrlässigkeit und Absicht ist dagegen nicht zulässig (OR 100).

8.2.4 Die Gefahrtragung beim Werkvertrag

Das Problem kennen Sie schon vom Kaufvertrag: Trägt der **Unternehmer** oder der **Besteller** den Schaden, wenn das Werk noch vor Ablieferung **durch Zufall** zerstört wird?

Beispiel

Laurent Jeanneret hat eine Golduhr von seinem Vater geerbt. Er möchte sie revidieren lassen und bringt sie deswegen zum Uhrmacher. Mit viel Aufwand beginnt der Uhrmacher die Revision, aber noch vor dem Abschluss wird die Uhr gestohlen – dies, obwohl er sein Geschäft sehr sorgfältig abgeschlossen hat. – Rechtlich gesehen liegt hier **Zufall** vor. (Sie erinnern sich: Um Zufall handelt es sich nicht nur bei **höherer Gewalt,** sondern auch beim Einwirken einer **Drittperson** ausserhalb des Einflussbereichs der Vertragspartner.) **Wer** trägt hier den **Schaden,** der Unternehmer oder der Besteller?

Man muss den **Werklohn** und das zerstörte **Material** gesondert betrachten: Für den **Werklohn** gilt: «Der Unternehmer trägt die Gefahr.» Solange er das Werk noch nicht abgeliefert hat, erhält er keinen Lohn für die vergeblichen Arbeiten und Auslagen (OR 376 I). Beim zerstörten **Material** hingegen trägt derjenige den Schaden, der das Material geliefert hat (OR 376 II).

Beispiel

In unserem Beispiel kann der Uhrmacher deswegen **keinen Werklohn** für seine vergebliche Arbeit verlangen. Er muss Laurent Jeanneret aber **keinen Schadenersatz** für die Uhr bezahlen, denn diese hat ja Laurent Jeanneret geliefert, der somit die «Materialgefahr» trägt.

8.2.5 Zur Vertiefung: Erfüllungsfehler vor der Ablieferung des Werks

Manchmal ist schon **vor Fertigstellung** des Werks absehbar, dass das Werk **fehlerhaft** sein wird. Aber auch eine allfällige **Verspätung** kann sich schon vor dem Ablieferungstermin zeigen, ebenfalls eine **Überschreitung des Kostenvoranschlags**. In all diesen Fällen muss der Besteller nicht erst den Ablieferungstermin abwarten, sondern kann schon **vorher** gegen den Unternehmer vorgehen. Die drei Fälle im Einzelnen:

- **Rücktritt bei Verspätung:** Wenn vorauszusehen ist, dass das Werk nicht rechtzeitig vollendet wird, kann der Besteller eine **Nachfrist** setzen und, wenn der Unternehmer das Werk auch dann noch nicht vollendet hat, vom Vertrag **zurücktreten** (OR 366 I). Die Nachfrist kann **knapp** bemessen sein; der Unternehmer muss alles Zumutbare unternehmen, um sie einzuhalten.
- **Ersatzvornahme bei Mangel:** Wenn voraussehbar ist, dass das Werk mangelhaft sein wird, kann der Besteller die Arbeiten einem Dritten übertragen und die Mehrkosten vom Werklohn abziehen (OR 366 II). Der Besteller muss dem Unternehmer auch hier eine **Nachfrist** setzen. Er muss ihm zudem **androhen,** dass er die Arbeiten einem Dritten übertragen werde.
- **Rücktritt bei Überschreitung des Kostenvoranschlags:** Wie wir sogleich sehen werden, kann der Werklohn auch in einem Kostenvoranschlag festgelegt sein. Wenn in einem solchen Fall vorauszusehen ist, dass der Kostenvoranschlag **unverhältnismässig überschritten** wird, kann der Besteller vom Vertrag zurücktreten (OR 375 I).

Beispiel

Verspätung: Sie lassen eine Garage an Ihr Haus anbauen. Mit dem Bauunternehmer vereinbaren Sie, dass die Arbeiten bis Ende August abgeschlossen sein müssen. Doch bis Mitte August hat der Unternehmer mit dem Bau noch nicht begonnen. – Noch vor dem 31. August können Sie dem Unternehmer eine knapp bemessene Nachfrist von vielleicht 1 1/2 Monaten setzen und nach deren unbenutztem Ablauf vom Vertrag zurücktreten.

Mangel: Bei den Betonarbeiten an der Garage zeigt sich, dass der Bauunternehmer den Beton zu wenig armiert. Sie können ihm eine Nachfrist zur Verbesserung setzen und ihm androhen, andernfalls einen anderen Bauunternehmer mit den Betonarbeiten zu betrauen. Die Mehrkosten trägt ihr ursprünglicher Vertragspartner.

Überschreitung des Kostenvoranschlags: Für die Garage hat der Unternehmer einen Kostenvoranschlag von CHF 32 000.– gemacht. Wenn sich nun schon während des Baus die laufenden Kosten auf über CHF 37 000.– aufsummiert haben, können Sie vom Vertrag zurücktreten.

8.3 Die Pflichten des Bestellers

Auf der Seite des Bestellers geht es um den **Werklohn** und um die Möglichkeit eines **vorzeitigen Vertragsrücktritts**.

8.3.1 Höhe des Werklohns

Der Besteller eines Werks muss dem Unternehmer eine **Vergütung** bezahlen: den **Werklohn**. Bei seiner Festlegung besteht immer ein gewisses Risiko, denn niemand weiss genau, wie teuer das Werk zu stehen kommt (Einzelanfertigung!). Aus diesem Grund wird die Vergütung nicht immer von vornherein fix festgelegt.

Die **Höhe** des Werklohns kann auf **drei Arten** bestimmt werden:

- **Fix vereinbarter Werklohn:** Die Mehr- oder Minderkosten gehen grundsätzlich zulasten bzw. zugunsten des Unternehmers. Bei ausserordentlichen Umständen wäre es allerdings ungerecht, wenn der Unternehmer zum vereinbarten Preis produzieren müsste. Der Werklohn wird dann den neuen Umständen angepasst bzw. der Vertrag ganz aufgelöst (OR 373 II).
- **Ungefähr vereinbarter Werklohn** (Kostenvoranschlag): Grundsätzlich muss der Besteller die tatsächlich entstandenen Kosten bezahlen, ausser bei einer unverhältnismässigen Überschreitung (mehr als ca. 10%). Er kann dann vom Vertrag zurücktreten (OR 375 I). In der Praxis einigen sich die Vertragspartner meistens auf einen Kompromiss: Was über der Toleranzgrenze liegt, tragen sie je zur Hälfte.
- **Nicht vereinbarter Werklohn:** Der Werklohn wird nach dem Aufwand des Unternehmers berechnet. Der Besteller trägt also das volle Kostenrisiko (OR 374).

Beispiel

Ausserordentliche Umstände bei fix vereinbartem Werklohn: Der Kanton lässt einen neuen Strassentunnel bauen und vergibt die Arbeiten zu einem festen Betrag an ein Bauunternehmen. Entgegen einem anderslautenden geologischen Gutachten stösst man bei den Bohrungen auf wasserführende Gesteinsschichten, was teure Zusatzabdichtungen notwendig macht. Die Mehrkosten aus diesen unvorhersehbaren Umständen darf das Bauunternehmen auf den Kanton überwälzen.

8.3.2 Vorzeitiger Vertragsrücktritt

Der Satz «**Verträge müssen eingehalten werden**» gilt grundsätzlich auch beim Werkvertrag: Der Unternehmer muss das Werk herstellen und der Besteller muss die Vergütung bezahlen. OR 377 sieht nun eine **Ausnahme** vor: Vor Vollendung des Werks kann der Besteller **jederzeit** vom Vertrag **zurücktreten**. Allerdings muss er dem Unternehmer den bisherigen Arbeitsaufwand und die andern Auslagen sowie den Gewinn, den dieser mit dem Vertrag gemacht hätte, voll ersetzen.

Gemäss OR kann ein Werk **körperlichen** oder **geistigen** Charakter haben, **künstlerischer** oder **nichtkünstlerischer** Natur sein und die **Neuherstellung** oder die **Bearbeitung** (Reparatur) eines Gegenstands betreffen.

Beim **Werkvertrag** verspricht der Unternehmer, ein bestimmtes **Werk herzustellen**. Der Besteller muss ihm dafür eine **Vergütung** (Werklohn) bezahlen.

- **Pflichten des Unternehmers:** Werk wie vereinbart herstellen und Werk dem Besteller rechtzeitig abliefern.
- **Pflichten des Bestellers:** Werklohn bezahlen.

Möglichkeiten des Bestellers bei **Erfüllungsfehlern:**

Verspätung	Allgemeine Verzugsregeln
Werkmangel	Ein Werk ist mangelhaft, wenn eine zweckbestimmte, eine wertbestimmende oder eine vertraglich vereinbarte Eigenschaft fehlt.
Vorgehen bei Werkmangel	Möglichkeiten des Bestellers: • Wandelung: Vertrag rückgängig machen bei gravierenden Mängeln • Minderung: Werklohn im Verhältnis zum Minderwert herabsetzen • Nachbesserung: Mangel reparieren lassen • Schadenersatz: falls der Unternehmer am Werkmangel Schuld trägt Voraussetzungen: sofortige Prüfung und sofortige Mängelrüge Haftung für versteckte Mängel (2 Jahre bewegliche Sachen, 5 Jahre Bauwerke)
Gefahrentragung	• Unternehmer: Wird das Werk vor der Ablieferung zerstört, erhält der Unternehmer keinen Ersatz für seine Arbeit und Auslagen. • Besteller oder Unternehmer: Das Risiko für den Materialverlust trägt derjenige, der das Material geliefert hat.

Die **Höhe** des Werklohns kann auf **drei Arten** bestimmt werden:

• Fix vereinbarter Werklohn
• Ungefähr vereinbarter Werklohn (Kostenvoranschlag)
• Nicht vereinbarter Werklohn

Der Unternehmer kann den Werklohn frühestens bei **Ablieferung** des Werks verlangen (Fälligkeit). Der Zahlungsverzug des Bestellers wird nach den **allgemeinen Verzugsregeln** behandelt.

Vor Vollendung des Werks kann der Besteller **jederzeit** vom Vertrag zurücktreten. In diesem Fall muss er dem Unternehmer sämtliche **Auslagen** inklusive des entgangenen **Gewinns** ersetzen.

Repetitionsfragen

30 Werkvertrag oder Kaufvertrag?

A] Florian Keller ist 2.05 m gross und bestellt beim Velohersteller V eine Einzelanfertigung, die seiner Körpergrösse entspricht.

B] Patrizia Hinz bestellt ein Velo des Typs «Superdrive Leichtlauf» mit folgender Ausstattung: Ledersattel und mattschwarze Leichtmetallfelgen. Das Velo muss erst noch hergestellt werden.

31 Flavio Tomma lässt das Dach seines Hauses vom Dachdecker D neu decken. Zwei Wochen später, nach dem ersten Gewitter, zeigt sich, dass das Dach an einigen Stellen rinnt.

A] Liegt hier ein Werkmangel vor? Begründung.

B] Hat Flavio Tomma seine Rechte verloren, weil er den Fehler nicht sogleich nach Beendigung der Arbeiten dem Dachdecker mitgeteilt hat?

C] Welche Möglichkeiten hat Flavio Tomma? Welche Voraussetzungen müssen dafür erfüllt sein?

D] Wegen des undichten Dachs sind einige Gegenstände im Haus von Flavio Tomma beschädigt worden. Kann er vom Dachdecker Schadenersatz verlangen?

9 Der Auftrag

Lernziele: Nach der Bearbeitung dieses Kapitels können Sie …

- zwischen dem einfachen Auftrag und den besonderen Auftragsverhältnissen Agentur-, Kommissions- und Maklervertrag unterscheiden.
- anhand von Beispielen erklären, ob es sich bei einem Rechtsverhältnis um einen Auftrag handelt.
- die Rechte und Pflichten von Beauftragtem und Auftraggeber anhand von Beispielen erklären.

Schlüsselbegriffe: Agenturvertrag, Auftrag, einfacher Auftrag, Honorar, Kommissionsvertrag, Maklervertrag, Sorgfaltspflicht, Treuepflicht, Widerruf

Beim Auftrag verpflichtet sich der **Beauftragte,** für den anderen Vertragspartner tätig zu werden und ihm gewisse **Dienste** zu erbringen. Dabei arbeitet der Beauftragte auf ein bestimmtes **Ziel** des Auftraggebers hin; er verspricht ihm aber keinen Arbeitserfolg, sondern nur ein Tätigwerden. Sofern es abgemacht oder üblich ist, erhält er dafür eine Vergütung; man spricht vom **Honorar.**

9.1 Was ist ein Auftrag?

9.1.1 Die Definition des Auftrags

[9-1]   Auftrag (OR 394)

Anstelle der deutschen Begriffe Auftrag, Auftraggeber und Beauftragter (Auftragnehmer) verwendet man manchmal auch die aus dem Lateinischen stammenden Begriffe **Mandat** (für Auftrag), **Mandant** (für Auftraggeber) und **Mandatar** (für Beauftragter). So würde etwa ein Anwalt sagen: «Ein Mandant hat mir ein lukratives Mandat übergeben.» Und sich selbst würde der Anwalt als Mandatar bezeichnen.

Beispiel

Der Vertrag zwischen **Arzt** und Patienten: Der Arzt ist verpflichtet, den Patienten zu beraten und ihn zu behandeln, und zwar mit dem Ziel, dessen Gesundheit zu erhalten oder wiederherzustellen.

Der Vertrag zwischen dem **Anwalt** und dem Klienten: Der Anwalt muss seinen Klienten beraten und ihn vor Gericht vertreten. Ziel des Anwalts ist es, die Rechte seines Klienten gut zu wahren.

Der Vertrag zwischen dem **Vermögensverwalter** und seinem Kunden: Der Vermögensverwalter legt das Vermögen des Kunden möglichst sicher und gewinnbringend an.

Der Vertrag zwischen dem Hauseigentümer und dem **Liegenschaftenverwalter:** Der Liegenschaftenverwalter übernimmt alle Arbeiten, die im Zusammenhang mit einer bestimmten Liegenschaft anfallen, also Vermietung, Veranlassung von Reparaturen, Kontakt mit den Behörden, Abrechnung der Nebenkosten usw.

9.1.2 Der einfache Auftrag und die besonderen Aufträge

Wenn Sie im Inhaltsverzeichnis nachschauen, können Sie leicht feststellen, dass das OR unter dem Titel «Der Auftrag» mehrere Vertragsarten aufzählt,

- den **einfachen Auftrag** (OR 394–406) und
- die **besonderen Aufträge** Ehe- oder Partnerschaftsvermittlung (OR 406a–406h), Kreditbrief / Kreditauftrag (OR 407–411), Maklervertrag (OR 412–418) und Agenturvertrag (OR 418a–418v).

Eine enge **Verwandtschaft** besteht ausserdem zur Kommission (OR 425–438), zum Frachtvertrag (OR 440–457) und zum Hinterlegungsvertrag (OR 472–491).

9.1.3 Unterschied des Auftrags zum Arbeitsvertrag und zum Werkvertrag

Dem Arbeitsvertrag, Werkvertrag und dem Auftrag ist gemeinsam, dass es immer um eine **Arbeitsleistung** geht, die der eine Vertragspartner dem anderen erbringt. Die folgende Grafik fasst die wesentlichen Unterschiede zusammen, auf die wir im Folgenden näher eingehen.

[9-2]   Verträge auf Arbeitsleistung im Vergleich

Arbeitsvertrag	Auftrag	Werkvertrag
Arbeitgeber ←→ Arbeitnehmer Der Arbeitnehmer **arbeitet** für den Arbeitgeber und erhält dafür **Lohn**.	Auftraggeber ←→ Beauftragter Der Beauftragte leistet **Dienste im Interesse des Auftraggebers** und erhält, sofern vereinbart oder üblich, ein **Honorar**.	Besteller ←→ Unternehmer Der Unternehmer erstellt ein **Werk** für den Besteller und erhält dafür den **Werklohn**.
Unselbstständig	**Selbstständig**	
Der Arbeitnehmer ist in die Arbeitsorganisation des Arbeitgebers eingegliedert und handelt genau nach Weisung.	Auftragnehmer und Werkunternehmer sind selbstständige Unternehmer und handeln gemäss eigenem Wissen und Können.	
Tätigwerden, kein Erfolg versprochen		**Erfolg (Werk) versprochen**
Arbeitnehmer und Beauftragter schulden keinen Erfolg ihrer Bemühungen. • Der Arbeitnehmer verspricht den Einsatz seiner Arbeitskraft im Dienste des Arbeitgebers. • Der Beauftragte verspricht, sich um die Erreichung eines bestimmten Ziels zu **bemühen**.		Der Werkunternehmer schuldet das versprochene Werk.

Auftrag und Arbeitsvertrag

Hier liegt der Unterschied bei der **Selbstständigkeit:** Der Arbeitnehmer handelt unselbstständig und genau nach den Weisungen des Arbeitgebers. Er ist dem Arbeitgeber untergeordnet und wirtschaftlich von ihm abhängig. Anders der **Beauftragte:** Er ist **selbstständig** und handelt frei nach Fachwissen und Erfahrungen auf das vereinbarte Ziel hin. Die Weisungen des Auftraggebers betreffen nur die «allgemeine Marschrichtung» oder wichtige Einzelfragen.

Beispiel

- Fernando Martinez arbeitet als Kundenbetreuer in einem Handelsunternehmen. Seine Chefin beauftragt ihn, anhand eines detaillierten Fragenkatalogs Kundenwünsche in einem bestimmten Bereich abzuklären und die Ergebnisse als Schlussbericht in einer vorgegebenen Form abzuliefern. – Hier liegt ein **Arbeitsvertrag** vor, obwohl man in der Alltagssprache von einem «Auftrag» spricht. Denn Fernando Martinez handelt unselbstständig; er ist in die Befehlshierarchie des Unternehmens eingeordnet.
- Wenn der Chirurg den Patienten operiert, handelt er selbstständig nach eigenem Wissen und Können; deswegen liegt ein **Auftrag** vor. Der Patient wird lediglich entscheiden, ob und wann die Operation durchgeführt werden soll.

Auftrag und Werkvertrag

Hier liegt der Unterschied bei der Frage des **Erfolgs:** Beim Werkvertrag verspricht der eine Vertragspartner einen bestimmten Arbeitserfolg; erst wenn er dieses Ziel erreicht hat, hat er den Vertrag erfüllt und den Werklohn verdient. Anders beim **Auftrag:** Hier verspricht der Beauftragte nur, mit allen Kräften auf einen bestimmten Erfolg **hinzuwirken.** Er garantiert aber **nicht,** dass er das Ziel auch tatsächlich erreichen wird.

Beispiel

- Wenn ein Industrieunternehmen für ein ausländisches Elektrizitätswerk zehn Gasturbinen bauen und liefern muss, liegt ein **Werkvertrag** vor: Das Industrieunternehmen hat den Vertrag erst erfüllt, wenn der Arbeitserfolg vorliegt, d. h., wenn die Turbinen ausgeliefert sind. Dennoch spricht man in der Alltagssprache von einem «Auftrag»; in der Zeitung könnte es etwa heissen: «Der X-Konzern hat sich einen Grossauftrag geangelt.»
- Ein **Auftrag** liegt vor, wenn Sie mit einer Chirurgin vereinbaren, dass sie Sie operieren soll. Die Chirurgin wird Ihnen nie das Gelingen der Operation (Arbeitserfolg) versprechen, jedoch, sich mit allem Einsatz um eine erfolgreiche Operation bemühen. Misslingt die Operation trotzdem, so hat die Chirurgin, wenn sie sorgfältig operiert hat, den Vertrag dennoch richtig erfüllt und Anspruch auf das Honorar.

9.2 Vertragsabschluss

Es gelten die Regeln des Allgemeinen Vertragsrechts. Das heisst: Ein Auftrag kommt zustande, wenn sich der Auftraggeber und der Beauftragte über die zu leistende **Arbeit** und das **Honorar** geeinigt haben, sei es **mündlich, schriftlich** oder **stillschweigend.**

Eine Besonderheit gilt für den **«Vertragsschluss durch Passivbleiben».** Reagiert der Beauftragte auf einen Antrag des Auftraggebers nicht, entsteht der Vertrag, falls der Beauftragte berufsmässig tätig ist und den Antrag nicht sofort ablehnt (OR 395).

Beispiel

In einer bestimmten Geschäftsangelegenheit müssen Sie sehr dringend rechtliche Schritte gegen Ihren Vertragspartner unternehmen. Da Sie Ihren Anwalt im Moment telefonisch nicht erreichen können, senden Sie ihm ein Telefax. Wenn der Anwalt Ihre rechtliche Vertretung nicht übernehmen will, muss er Ihnen das sofort mitteilen, nachdem er vom Fax Kenntnis erhalten hat. Andernfalls gilt der Antrag als angenommen.

9.3 Die Pflichten des Beauftragten

Als Hauptaufgabe muss der Beauftragte **Dienste** im Interesse des Auftraggebers verrichten. Darüber hinaus ist er dem Auftraggeber auch zur **Treue** verpflichtet.

9.3.1 Dienstleistung im Interesse des Auftraggebers

Der Beauftragte muss im Interesse des Auftraggebers handeln. Das heisst: Er muss **tätig werden** und dabei ein **bestimmtes Ziel** des Auftraggebers verfolgen. Welche Handlungen der Beauftragte schuldet und welches Ziel er dabei anstreben muss, hängt vom **konkreten Vertrag** ab. Allgemein kann man aber sagen: Der Beauftragte muss die **Ziele** und **Weisungen** seines Auftraggebers einhalten, **sorgfältig** handeln und die Arbeit **persönlich ausführen.** Diese drei Punkte im Einzelnen:

Ziel- und Weisungsgebundenheit

Der Beauftragte erledigt Geschäfte des Auftraggebers. Deshalb darf der Auftraggeber auch bestimmen, welches **Ziel** erreicht werden soll. Grundsätzlich ist das ausreichend; der Beauftragte bestimmt dann frei, auf welchem Weg er das Ziel erreichen will. Der Auftraggeber kann aber auch zusätzliche **Weisungen** über den einzuschlagenden Weg abgeben, an die sich der Beauftragte halten muss.

Falls die Weisung des Auftraggebers **unzweckmässig** ist, muss ihn der Beauftragte **darauf hinweisen.** Man sagt auch: Er muss ihn **abmahnen.** Hält der Auftraggeber an seiner Weisung fest, muss der Beauftragte die unzweckmässige Weisung trotzdem befolgen; seine einzige Alternative ist, das Mandat ganz niederzulegen.

Beispiel

Herr Z hat den Anwalt X beauftragt, seine Scheidung durchzuführen. Das Ehepaar Z ist sich unter anderem uneinig über das alleinige Sorgerecht für die Kinder. Herr Z möchte es unbedingt. Der Anwalt klärt die Sachlage ab und kommt zum Schluss, dass ein solcher Antrag im Scheidungsverfahren vollkommen aussichtslos wäre. Das muss er seinem Klienten mitteilen. Beharrt dieser darauf, muss der Anwalt den Antrag bei Gericht trotzdem einreichen oder das Mandat ganz niederlegen.

Nur in einem Fall darf der Beauftragte von den Weisungen abweichen – dann nämlich, wenn sich die äusseren **Umstände geändert** haben und es ihm **unmöglich** ist, rechtzeitig **neue Weisungen** beim Auftraggeber einzuholen.

Beispiel

Bei der Operation des Blinddarms entdeckt die Chirurgin zufällig ein kleines Darmgeschwür. Sie darf es auch ohne Zustimmung des Patienten entfernen, weil sie davon ausgehen darf, dass ihr der Patient die Zustimmung erteilt hätte. So kann der Aufwand und das Risiko einer Zweitoperation vermieden werden.

Nicht selten gehört zur Besorgung eines Geschäfts, dass der Beauftragte für den Auftraggeber Verträge abschliesst oder andere rechtlich bindende Handlungen vornimmt. OR 396 II und III beschäftigen sich mit dieser Frage: Mit der Erteilung des Auftrags ist der Beauftragte auch ermächtigt, die nötigen rechtlichen Schritte bei der Erfüllung des Auftrags vorzunehmen. Einzig bei gewissen **wichtigen Rechtshandlungen** braucht es die **ausdrückliche Ermächtigung** (Vollmacht) des Auftraggebers. Dazu zählen etwa: Einleitung eines **Prozesses** für den Beauftragten; Veräusserung eines **Grundstücks** des Auftraggebers; Vornahme einer **Schenkung** aus dem Vermögen des Auftraggebers.

Sorgfaltspflicht

Wie bereits gesagt, haftet der Beauftragte nicht dafür, dass er das angestrebte Ziel tatsächlich erreichen wird. Immerhin muss er das aber mit **aller Sorgfalt** versuchen (OR 398). Das bedeutet: Er muss so sorgfältig sein, wie man das von einem **durchschnittlichen Vertreter seines Berufsstands** erwarten darf. Lässt er es an der nötigen Sorgfalt fehlen und kommt der Auftraggeber zu Schaden, muss er Schadenersatz bezahlen, selbst wenn ihn nur ein leichtes Verschulden trifft. Ob der Beauftragte in einem konkreten Fall seine Sorgfaltspflicht verletzt hat, muss man unter Würdigung aller Umstände beantworten.

Beispiel

Aus der Gerichtspraxis:

- Ein Rechtsanwalt leitet für seine Klientin ein von vornherein aussichtsloses Gerichtsverfahren ein und verliert prompt den Prozess. Seiner Klientin werden deswegen die Gerichtskosten auferlegt. – Der Anwalt muss diese Kosten übernehmen, denn er hat unsorgfältig gehandelt, als er den aussichtslosen Prozess einleitete.
- Bei einer Operation vergisst die Chirurgin einen Tupfer in der Bauchhöhle des Patienten. – Die Kosten für die zweite Operation und die verlängerte Heilung gehen zu ihren Lasten, denn sie hat es an der nötigen Sorgfalt fehlen lassen.
- Ein Hauseigentümer lässt sein Mehrfamilienhaus durch eine Liegenschaftsverwalterin verwalten. Diese unterlässt es aber, die Zahlungsfähigkeit eines neuen Mieters abzuklären. Prompt zeigt es sich, dass der Mieter hoch verschuldet ist, wodurch dem Vermieter einige Tausend Franken Mietzins entgehen. – Wegen unsorgfältigen Handelns muss die Liegenschaftsverwalterin diesen Zinsausfall dem Hauseigentümer ersetzen.

Persönliche Ausführung

Das OR geht davon aus, dass der Beauftragte die Arbeit **persönlich** ausführen muss (OR 398 III), denn oft ist er ja ein Spezialist (z. B. Anwalt, Arzt, Vermögensverwalter), und der Auftraggeber hat ihn gerade deswegen ausgesucht. «Persönlich ausführen» darf man nicht allzu eng verstehen. Selbstverständlich darf der Beauftragte seine Arbeitsorganisation (seine Arbeitnehmer) beiziehen, solange er die **Oberleitung** innehat und die wesentlichen Entscheide selbst trifft. Allerdings haftet er für Fehler seiner Hilfspersonen, wie wenn er sie selbst begangen hätte (OR 101).

Interessant ist nun die Frage, unter welchen Voraussetzungen ein Beauftragter berechtigt ist, einen Auftrag zur Erledigung an einen selbstständigen Dritten zu übertragen. Man spricht in diesem Zusammenhang von einer **Substitution.**

Beispiel

Die Anwaltskanzlei X aus Zürich betreut die Rechtsfälle der Z AG. Nun muss gegen einen ehemaligen Kunden der Z AG ein Prozess in Lausanne geführt werden. Dafür wäre es viel einfacher, die Prozessführung einer Anwältin in Lausanne zu übertragen.

Zur Substitution ist ein Beauftragter nur berechtigt, wenn er dazu vom Auftraggeber **ermächtigt** worden ist, wenn das so **üblich** ist oder wenn eine **Notsituation** es erfordert.

Beispiel

Die Patientin A hat sich vom Chirurgen C operieren lassen. Da sie einige Stunden nach der Operation plötzlich ins Koma fällt, ordnet C notfallmässig eine zweite Operation an. Diese kann C aber nicht persönlich durchführen, da er bereits mit einer neuen Operation beschäftigt ist. C überträgt die zweite Notoperation seinem Fachkollegen F. – C durfte so handeln; die aussergewöhnlichen Umstände erlaubten eine Übertragung der Auftragserfüllung auf seinen Kollegen.

Wie **haftet** der Beauftragte, wenn der von ihm beigezogene Dritte den Auftrag schlecht ausführt? Antwort gibt OR 399 II: Bei erlaubter Substitution haftet der Beauftragte nur für sorgfältige Auswahl und Instruktion des Substituten. Er haftet aber **nicht,** wenn der Dritte unsorgfältig handelt und es deswegen zu einem Schaden kommt. In solchen Fällen kann der Auftraggeber seine Ansprüche direkt beim Substituten geltend machen (OR 399 III).

Beispiel

Auch die zweite Operation misslingt, doch diesmal ist das auf eine Unsorgfalt («Kunstfehler») des beigezogenen F zurückzuführen. Muss C für den Fehler seines Kollegen einstehen? – Nein, sofern er F sorgfältig ausgewählt und gut über den Fall instruiert hat. Gestützt auf OR 399 III kann die Patientin aber direkt gegen F vorgehen.

9.3.2 Die Treuepflichten des Beauftragten

Der Auftrag basiert auf einem **Vertrauensverhältnis,** denn der Beauftragte erledigt fremde Geschäfte und erhält dabei oft Einblick in die geschäftlichen, finanziellen und / oder persönlichen Verhältnisse des Auftraggebers. Aus diesem Grund hat der Beauftragte, ähnlich wie der Arbeitnehmer, eine **Treuepflicht** gegenüber dem Auftraggeber. Sie umfasst insbesondere

- die **Rechenschaftspflicht,**
- die **Herausgabepflicht** und
- die **Geheimhaltungspflicht.**

Rechenschaftspflicht: Der Beauftragte muss von Zeit zu Zeit von sich aus, aber auch jederzeit auf Verlangen des Auftraggebers, Rechenschaft über seine Tätigkeit ablegen (OR 400 I). Er muss den Auftraggeber über den Stand der Arbeiten und über die bis dahin entstandenen Kosten und Erträge informieren.

Herausgabepflicht: Der Beauftragte muss alles herausgeben, was er von Dritten für seinen Auftraggeber empfangen hat (OR 400 I). Dazu gehören Geld, Wertpapiere, einzelne Gegenstände, Dokumente oder auch Forderungen. Der Beauftragte muss das Empfangene sofort nach Erhalt herausgeben und nicht erst bei Vertragsende. Deswegen muss er Geld verzinsen, das er für den Auftraggeber erhalten hat.

Geheimhaltungspflicht: Was der Beauftragte über die Verhältnisse seines Auftraggebers erfährt, muss er geheim halten, und zwar auch nach Auflösung des Auftragsverhältnisses.

9.4 Die Pflichten des Auftraggebers

Der Auftraggeber muss dem Beauftragten das vereinbarte **Honorar** bezahlen. Der Beauftragte erhält das Honorar auch dann, wenn seine Bemühungen nicht zum gewünschten Erfolg führen; es genügt, wenn er sich **sorgfältig** darum bemüht hat. Der Beauftragte verspricht ja keinen Erfolg.

Nach Gesetz ist ein Honorar nur dann geschuldet, wenn es **vereinbart** oder **üblich** ist (OR 394 III). Bei den «berufsmässig Beauftragten» (Arzt, Anwalt, Vermögensverwalter usw.) ist das der Normalfall; sie leben ja von den Honorareinnahmen. Bei einem Vertrag zwischen Privatpersonen ist eine entsprechende Abmachung aber unerlässlich.

Beispiel

A bittet seinen Nachbarn, während seiner Ferienabwesenheit für den Garten zu schauen und insbesondere die Kirschen seiner zwei Bäume zu pflücken. Im Normalfall wird hier A dem Nachbarn etwas bezahlen oder ihm einen Teil der Ernte überlassen. Rechtlich gesehen hat der Nachbar aber nur dann einen Anspruch auf Honorar, wenn das so **vereinbart** ist.

Der Auftraggeber muss die **Auslagen** ersetzen, die dem Beauftragten bei der Ausführung seines Auftrags ganz **speziell** entstanden sind (OR 402 I). Dazu gehören z. B. Porto- und Telefonspesen, Auslagen für Material und Geräte, die speziell angeschafft werden mussten, Kosten für ein externes Gutachten. Die **allgemeinen Unkosten** (Miete, Löhne usw.) erhält der Beauftragte dagegen über das **Honorar** vergütet. Er kann sie nur extern verrechnen, wenn dies ausdrücklich abgemacht wurde.

9.5 Beendigung des Auftragsverhältnisses (OR 404–406)

Ein Auftrag endet entweder durch **Widerruf** (OR 404), **Tod, Handlungsunfähigkeit** oder **Konkurs** eines Vertragspartners (OR 405) – und natürlich auch durch **Erfüllung.** Von besonderer Bedeutung ist in der Praxis der Widerruf.

Der Widerruf (OR 404)

Beim Auftrag wird der eiserne Grundsatz «Verträge müssen eingehalten werden» durchbrochen: Der **Auftraggeber** wie auch der **Beauftragte** können den Auftrag **jederzeit** und ohne Angabe eines Grundes wieder auflösen (OR 404 I). Der Grund für das jederzeitige Widerrufsrecht liegt darin, dass der Beauftragte meistens sehr persönliche Angelegenheiten des Auftraggebers vertritt – denken Sie nur an die Tätigkeit der Ärztin oder des Vermögensverwalters. Wenn das Vertrauensverhältnis aus irgendwelchen Gründen gestört ist, kann man weder dem Auftraggeber noch dem Beauftragten die Fortführung des Auftrags zumuten.

Die sofortige Vertragsauflösung hat für den anderen Vertragspartner manchmal grosse **Nachteile,** wie folgendes Beispiel zeigt:

Beispiel Rechtsanwältin R vertritt den Klienten K in einem Rechtsstreit. Kurz vor Ablauf einer gerichtlichen Frist legt R ihr Mandat nieder. Dem Klienten (Auftraggeber) ist es nun nicht mehr möglich, innert so kurzer Zeit einen «Ersatzanwalt» zu finden. Deswegen verpasst K die Frist und verliert prompt den Prozess, den er sonst mit sehr grosser Wahrscheinlichkeit gewonnen hätte.

Zwar ist der Widerruf auch in einem solchen Fall zulässig. Das Gesetz sieht aber eine **Schadenersatzpflicht** vor, falls ein **Widerruf zur Unzeit** vorliegt (OR 404 II). Das ist der Fall, wenn der widerrufende Vertragspartner keine sachlichen Gründe für den Widerruf hat. Der betroffene Vertragspartner kann dann Schadenersatz (im Umfang des negativen Interesses) verlangen, sodass er am Ende finanziell nicht schlechter steht, als wenn vom Vertrag nie die Rede gewesen wäre.

Folgen der Beendigung eines Auftrags

Oft hat ein Beauftragter schon **Arbeit** geleistet, wenn ein Auftrag durch Widerruf oder einen anderen Grund beendigt wird. Diese kann er in Rechnung stellen. Umgekehrt muss er natürlich alles herausgeben, was er in Erteilung seines Auftrags für den Auftraggeber erhalten hat.

9.6 Besondere Auftragsverhältnisse: Makler, Agentur und Kommission

Das Auftragsrecht kennt neben dem einfachen Auftrag verwandte Vertragstypen, die besonders geregelt sind, unter anderem den **Maklervertrag (OR 412–418),** den **Agenturvertrag (OR 418a–418v)** und die **Kommission (OR 425–439).**

Ihre Besonderheit liegt in der wirtschaftlichen Funktion: Stets bemüht sich der Beauftragte, seinem Auftraggeber zu einem **Geschäftsabschluss mit einem Dritten** zu verhelfen. Deshalb bezeichnet man Makler, Agenten und Kommissionäre auch als **Marktmittler.**

Die Bemühungen der einzelnen Marktmittler gehen unterschiedlich weit. Das OR unterscheidet vier **Stufen** und ordnet sie den drei Vertragstypen zu. Wie Sie der folgenden Grafik entnehmen können, gibt es beim Makler- und beim Agenturvertrag zwei Formen mit je unterschiedlicher Ausprägung.

[9-3]   Marktmittler

Nachweis von Geschäftsmöglichkeiten	Vermittlung von Geschäften	Abschluss von Geschäften	Abschluss und Abwicklung von Geschäften
Suche möglicher Geschäftspartner	**Suche** möglicher Geschäftspartner + **aktive Beteiligung** an den Vertragsverhandlungen	**Suche** möglicher Geschäftspartner + **Abschluss** des Vertrags	**Suche** möglicher Geschäftspartner + **Abschluss** des Vertrags + **Abwicklung** des Vertrags

Maklerei	
Nachweismakler	**Vermittlungsmakler**

Agentur	
Vermittlungsagent	**Abschlussagent**

Kommission

9.6.1   Maklervertrag (OR 412–418)

Der Makler bemüht sich, einen **Dritten zu finden,** mit dem sein Auftraggeber einen Vertrag abschliessen kann. Die Regeln über den Maklervertrag werden auf unterschiedliche Vermittlungsgeschäfte angewendet (z. B. auf Wohnungs- und Liegenschaftsvermittlung).

Je nach Intensität der Vertragsförderung unterscheidet man zwei Arten von Maklerei:

* Bei der **Nachweismaklerei sucht** der Makler mögliche **Vertragspartner** für seinen Auftraggeber. Damit ist seine Tätigkeit abgeschlossen. Der Nachweismakler schaltet sich nicht in die Vertragsverhandlungen zwischen seinem Auftraggeber und dem Interessenten ein.
* Bei der **Vermittlungsmaklerei** geht die Aufgabe des Maklers weiter: Er sucht nicht nur mögliche Vertragspartner, sondern fördert auch die anschliessenden **Vertragsverhandlungen** aktiv, indem er zwischen ihnen **vermittelt.** Er ist also an der Gestaltung des Vertrags mitbeteiligt.

Beispiel

* Nachweismaklerei: Monika Huber möchte ihr Haus verkaufen und wendet sich an den Grundstücksmakler G. G wird nun mögliche Interessenten für das Haus suchen und sie Monika Huber nennen.
* Vermittlungsmaklerei: Wenn G Vermittlungsmakler ist, muss er z. B. auch ein Treffen zwischen Monika Huber und den Kaufinteressenten organisieren, den Vertragstext überarbeiten oder einen Termin beim Notar buchen.

Der Auftraggeber bleibt völlig **frei, ob** und **mit wem** er einen Vertrag abschliessen will. Konkret bedeutet das: Auch wenn ihm der Makler einen Interessenten nennt, der zum Vertragsabschluss sofort bereit wäre, muss der Auftraggeber keinen Vertrag abschliessen; er kann auch einen anderen Vertragspartner wählen oder ganz auf einen Vertragsabschluss verzichten. Falls es tatsächlich zum Vertrag kommt, erhält der Makler als Vergütung den **Maklerlohn** bzw. die **Provision.**

9.6.2 Agenturvertrag (OR 418a–418v)

Der Agent verpflichtet sich, gegen Entgelt **dauernd** für einen oder mehrere Auftraggeber Geschäfte zu vermitteln oder in ihrem Namen und für ihre Rechnung Geschäfte abzuschliessen. Seine Hauptpflicht ist somit die **Vertragsförderung.** Man unterscheidet zwei Förderungsstufen:

- **Vermittlungsagentur:** Der Vermittlungsagent hält die Verbindung zu alten Kunden und er versucht, neue Kunden zu gewinnen. Mit Interessenten führt er die Vertragsverhandlungen. Sobald ein Geschäft abschlussreif ist, legt er es seinem Geschäftsherrn zum Vertragsabschluss vor.
- **Abschlussagentur:** Der Abschlussagent schliesst zusätzlich das Geschäft selbst ab. Dabei handelt er stellvertretend für den **Auftraggeber,** d. h. in dessen Namen, und ist voll an dessen Vorgaben hinsichtlich Preis, Konditionen usw. gebunden.

Beispiel

Typische Vermittlungsagenten sind Versicherungsagenten. Sie nehmen mit Interessenten Kontakt auf und führen die Vertragsverhandlungen. Versicherungsintern ist aber meist vereinbart, dass die Versicherungsagenten das Geschäft nicht selbst abschliessen dürfen, sondern es an den Hauptsitz zur Unterschrift einreichen müssen.

In der Regel besteht das Honorar aus einer **Provision** auf den Geschäften, die der Agent erfolgreich vermittelt oder abgeschlossen hat (OR 418g I). Der Provisionsanspruch entsteht, sobald der Vertrag mit einem Kunden rechtsgültig abgeschlossen worden ist (OR 418g III). Er fällt aber nachträglich wieder dahin, wenn das Geschäft ohne Verschulden des Auftraggebers nicht ausgeführt wird bzw. wenn der Kunde seine Verpflichtungen nicht erfüllt (OR 418h).

Beispiel

Die Abschlussagentin Jana Kläger wirbt einen neuen Kunden und kann auch gleich eine Bestellung im Wert von CHF 1 000.– aufnehmen. Damit ist ihr Provisionsanspruch auf den Wert der Bestellung entstanden. Kurze Zeit später geht der neue Kunde in Konkurs, was im Moment des Vertragsschlusses nicht vorhersehbar war. Das Geschäft wird nicht ausgeführt, die Provision der Agentin fällt deshalb wieder dahin, d. h., Jana Kläger muss sie wieder zurückzahlen.

Sofern keine wichtigen Gründe vorliegen, kann der Agenturvertrag erst nach Ablauf einer bestimmten **Kündigungsfrist** aufgelöst werden (OR 418q). Der Maklervertrag wie auch der einfache Auftrag können demgegenüber fristlos aufgelöst werden.

9.6.3 Kommissionsvertrag (OR 425–438)

Makler und Agent handeln im Namen ihres Auftraggebers. Besteht das Bedürfnis des Auftraggebers, selber nicht in Erscheinung zu treten, wird ein Kommissionsvertrag abgeschlossen. Bei der Kommission haben die beiden Vertragspartner spezielle Bezeichnungen: Der zum Kauf oder Verkauf Beauftragte heisst **Kommissionär** und der Auftraggeber ist der **Kommittent.** Der Kommittent beauftragt einen Kommissionär, der nach aussen **selbstständig auftritt,** d. h., in eigenem Namen das Geschäft einfädelt und abwickelt, jedoch **auf fremde Rechnung,** indem er die vertraglichen Rechte und Pflichten gegen den Dritten auf seinen Auftraggeber überträgt. Der Kommissionär erhält für seine Bemühungen eine **Provision.**

Beispiel

Alice Schwertfeger möchte ein wertvolles Bild eines bekannten Künstlers verkaufen. Mit dem Galeristen Gilles Dubois trifft sie die folgende Vereinbarung: Gilles Dubois wird das Bild in seine Galerie hängen und es möglichst teuer verkaufen. Einem Interessenten gegenüber wird er als selbstständiger Verkäufer auftreten, d. h. den Vertrag in eigenem Namen abschliessen. Alice Schwertfeger möchte nämlich nicht als Verkäuferin des Bilds auftreten.

Die Kommission ist nicht für alle Vertragsarten zulässig, sondern nur für **Kaufverträge** und auch dort nur für den Kauf oder Verkauf von **beweglichen Sachen** und **Wertpapieren.**

Beim Auftrag verpflichtet sich der Beauftragte zur Erbringung bestimmter **Dienstleistungen.** Der Auftraggeber schuldet als Gegenleistung ein **Honorar,** wenn es verabredet oder üblich ist. Der Auftrag ist als Sammelbecken konstruiert für Arbeitsleistungen, die weder als Werk- noch als Arbeitsverträge zu qualifizieren sind.

Für den Vertragsschluss genügt beim Auftrag **Mündlichkeit.** Sofern der Beauftragte seine Dienste **berufsmässig** anbietet und er auf den Antrag des Auftraggebers nicht reagiert (**passiv** bleibt), kommt der Vertrag gültig zustande.

Die **Pflichten** der Vertragsparteien lauten:

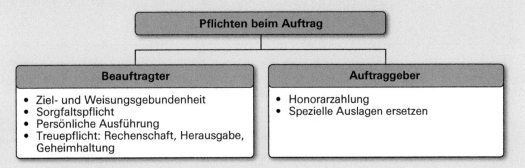

Ein Auftrag wird im Allgemeinen dadurch beendet, dass der Beauftragte die **Arbeit geleistet** und der Auftraggeber das **Honorar bezahlt** hat. Ein Auftrag kann aber auch jederzeit vom Auftraggeber oder vom Beauftragten **widerrufen** werden. Wenn dafür kein «guter Grund» besteht (= Widerruf zur Unzeit), muss der zurücktretende Vertragspartner **Schadenersatz** bezahlen.

Neben dem einfachen Auftrag kommen als besondere Auftragsverhältnisse jene mit den Marktmittlern vor:

- **Maklervertrag (OR 412–418):** Der Makler sucht einen Dritten, mit dem der Auftraggeber einen Vertrag abschliesst. Man unterscheidet die Nachweismaklerei (Suche nach möglichen Vertragspartnern) und die Vermittlungsmaklerei (aktive Beteiligung an den Vertragsverhandlungen).
- **Agenturvertrag (OR 418a–418v):** Der Agent verpflichtet sich, dauernd für den Auftraggeber Geschäfte zu vermitteln (Vermittlungsagentur) oder abzuschliessen (Abschlussagentur).
- **Kommissionsvertrag (OR 425–438):** Der Kommissionär verkauft bewegliche Sachen oder Wertpapiere in eigenem Namen, aber auf fremde Rechnung für den Auftraggeber.

Repetitionsfragen

32   Um welche Vertragsarten handelt es sich in den folgenden Fällen?

A] Die Versicherungsgesellschaft V lässt durch einen externen Detektiv Nachforschungen über einen möglichen Versicherungsbetrug anstellen.

B] Sie lassen sich von der Coiffeuse die Haare waschen, schneiden und färben.

C] Theres Inglin überträgt einem Gärtner die Aufgabe, bis zu ihrer Rückkehr aus den Ferien den Garten ihres Hauses neu zu gestalten.

D] Der Kirchenrat beauftragt eine Bauspenglerei mit der Sanierung der Kirchenkuppel.

E] Barbara Bill führt ein kleines Treuhandbüro und erledigt Steuerrechnungen und Buchhaltungen für ihre Kunden. Da sie mit Aufträgen überhäuft wird, stellt sie eine Mitarbeiterin für einen Tag pro Woche ein.

33   Bettina Langmeier ist in einen Streit gegen ihre Vermieterin verwickelt, weswegen sie einen Anwalt beizieht. Trotzdem verliert sie den Prozess. Muss sie dem Anwalt das Honorar dennoch bezahlen? Begründen Sie Ihre Antwort.

34   Hugo Wohlwend schliesst mit dem Wein- und Spirituosengrosshändler «VinoVero» einen Agenturvertrag ab, mit dem Zweck, Restaurants in der Zentralschweiz aufzusuchen und diese für Bestellungen von Wein und Spirituosen zu gewinnen.

A] «VinoVero» stellt fest, dass Hugo Wohlwend kaum Kundenbesuche durchführt. Wie beurteilen Sie dieses Verhalten aufgrund des Agenturvertrags?

B] Falls Hugo Wohlwend bei «VinoVero» angestellt wäre: Welche Konsequenzen könnte sein unter A] beschriebenes Verhalten haben?

C] «VinoVero» teilt Hugo Wohlwend mit, dass 20% seiner vermittelten Bestellungen «faul» seien. Wie steht es mit Hugo Wohlwends Provisionsanspruch?

Teil D   Unternehmensformen und Handelsregister

Einstieg

Yannick Bach ist zurzeit als Teamleiter in einem Unternehmen angestellt, das Kopiergeräte und ähnliche Hilfsmittel für den Bürobedarf vertreibt. Zusammen mit seinem Team ist er für den Verkauf in einer Region zuständig. Schon länger träumt er davon, sich selbstständig zu machen, und denkt über die Eröffnung einer eigenen Kopierzentrale nach.

Träume und Ideen zu haben ist eine Sache, sie auch umzusetzen eine ganz andere. Yannick Bach hat sich bereits mit wichtigen betriebswirtschaftlichen Fragen eines solchen Schritts auseinandergesetzt. Er muss sich aber auch entscheiden, welche Gesellschaftsform für sein künftiges Unternehmen die richtige sein könnte. Offen ist auch, ob er dieses Unternehmen allein oder zusammen mit Mauro Codina und Laura Bruderer gründen soll. Beide verfügen ebenfalls über einige Branchenerfahrung und die drei Freunde haben schon viel über ein gemeinsames Geschäft diskutiert.

Da Yannick Bach aber noch unsicher ist, orientiert er sich zuerst ganz generell über einige wichtige Grundbegriffe des Gesellschaftsrechts, bevor er sich auf die Suche nach der passenden Unternehmensform macht.

Was lernen Sie?

- In **Kapitel 10** befassen Sie sich mit den Rechtsgrundsätzen für ein Einzelunternehmen und mit den unterschiedlichen rechtlichen Bestimmungen der bekanntesten Gesellschaftsformen.
- In **Kapitel 11** erhalten Sie einen Einblick in die Bestimmungen der unterschiedlichen Stellvertretungsformen.

10 Was ist ein Unternehmen?

> **Lernziele:** Nach der Bearbeitung dieses Kapitels können Sie ...
>
> * den Unterschied zwischen einem Einzelunternehmen und einer Gesellschaft beschreiben.
> * die acht Gesellschaftsformen benennen, die das schweizerische Recht kennt.
> * die drei häufigsten Gesellschaftsformen Kollektivgesellschaft, AG und GmbH nach den gängigen Kriterien unterscheiden.
>
> **Schlüsselbegriffe:** AG, einfache Gesellschaft, Einzelunternehmen, Firma, Genossenschaft, Gesellschaft, GmbH, Haftung, Kapitalgesellschaft, kaufmännisches Unternehmen, Kollektivgesellschaft, Kommanditgesellschaft, Körperschaft, Personengesellschaft, Rechtsgemeinschaft, Verein

Ein Unternehmer muss sich entscheiden, ob er allein als **Einzelunternehmer** tätig sein will oder ob er zusammen mit anderen eine **Gesellschaft** betreiben will. Das schweizerische Recht stellt 8 Gesellschaftsformen zur Verfügung, die je für unterschiedliche Zwecke konzipiert sind.

10.1 Einzelunternehmen und Gesellschaft

Das kaufmännische Unternehmen

Das OR unterscheidet zwischen kaufmännischen und nicht kaufmännischen Unternehmen:

Kaufmännische Unternehmen sind selbstständige, auf Dauer angelegte wirtschaftliche Tätigkeiten mit einem Umsatz von mehr als **100 000 Franken** pro Jahr (OR 934 und Handelsregisterverordnung HRegVO 2 und 36).

Unternehmen, die diese Voraussetzungen nicht erfüllen, sind **nicht kaufmännische** Unternehmen. Das sind vor allem selbstständige unternehmerische Tätigkeiten mit weniger als 100 000 Franken Umsatz pro Jahr.

Kaufmännische Unternehmen müssen sich im **Handelsregister** eintragen lassen. Das hat rechtliche Konsequenzen:

* Sie unterstehen der Betreibung auf **Konkurs,**
* unterstehen den Regeln des **Firmenrechts** (die Firma ist der Name des Unternehmens),
* es gelten für sie die Regeln der **kaufmännischen Stellvertretung.**

Einzelunternehmen und Gesellschaft

Unternehmen sind entweder **Einzelunternehmen** oder **Gesellschaften.**

Ein **Einzelunternehmen gehört einer Person.** Sie trägt die ganze unternehmerische Verantwortung allein.

Gesellschaften definiert das Gesetz als «vertragsmässige **Verbindung von zwei oder mehreren Personen** zur Erreichung eines gemeinsamen Zwecks mit gemeinsamen Kräften und Mitteln» (OR 530).

Es gibt nach dem schweizerischen Recht **acht Gesellschaften:** einfache Gesellschaft, Kollektivgesellschaft, Kommanditgesellschaft, Aktiengesellschaft (AG), Kommanditaktiengesellschaft, Gesellschaft mit beschränkter Haftung (GmbH), Genossenschaft und Verein.

106   Recht im Betrieb – Management-Basiskompetenz
Teil D   Unternehmensformen und Handelsregister
10   Was ist ein Unternehmen?

10.2   Die acht Gesellschaftsformen und ihre Einteilung

Die acht **Gesellschaftsformen** lassen sich nach verschiedenen Kriterien unterscheiden:

- Gesellschaften mit wirtschaftlichem und nicht wirtschaftlichem Zweck
- Rechtsgemeinschaften und Körperschaften
- Personengesellschaften und Kapitalgesellschaften

[10-1]   Die Einteilung der Gesellschaften nach verschiedenen Kriterien

Wirtschaftlicher und nichtwirtschaftlicher Zweck

Oft gründen Personen eine Gesellschaft für einen **wirtschaftlichen Zweck**. Sie wollen mit ihren Aktivitäten Gewinn erzielen.

Für **gewinnstrebige Aktivitäten** stehen die **fünf Handelsgesellschaften** zur Verfügung:

- Kollektivgesellschaft
- Kommanditgesellschaft
- Aktiengesellschaft (AG)
- Gesellschaft mit beschränkter Haftung (GmbH)
- Kommanditaktiengesellschaft

Die **Genossenschaft** dient der **gemeinsamen Selbsthilfe** (z. B. günstiger Wohnraum für die Mitglieder einer Wohnbaugenossenschaft). Hier liegt der wirtschaftliche Zweck also nicht im Gewinn, sondern in anderen Vorteilen.

Einen **Verein** gründen Personen zu einem **nicht wirtschaftlichen Zweck**. Es geht um **ideelle Ziele**, z. B. Freizeit, Sport, Kultur usw. Der Verein ist deshalb nicht geeignet, um ein gewinnstrebiges Unternehmen zu betreiben (ZGB 60 f.).

Die **einfache Gesellschaft** hat keinen bestimmten Zweck. Sie entsteht durch einen Vertrag, dient als Auffangbecken für Gesellschaften, die in keine andere Rechtsform passen (z. B. Bürogemeinschaft). Für ein dauerhaftes Unternehmen ist sie ungeeignet, weil sie nicht als kaufmännisches Unternehmen in das Handelsregister eingetragen werden kann.

Rechtsgemeinschaften und Körperschaften

Bei einer **Rechtsgemeinschaft** schliessen sich mehrere natürliche Personen (Menschen aus Fleisch und Blut) zusammen, um gemeinsam das Risiko eines Unternehmens zu tragen, d. h., sie haften gemeinsam für die Schulden der Gesellschaft, teilen sich den Gewinn usw. Sie schliessen dazu einen **Gesellschaftsvertrag** ab.

Bei den Rechtsgemeinschaften stehen die Gesellschafter im Vordergrund. Jeder von ihnen steht mit seiner Unternehmerpersönlichkeit und seiner Kreditwürdigkeit für die gemeinsamen Ziele ein. Nach aussen tritt eine Rechtsgemeinschaft als Einheit auf, sie ist aber trotzdem keine juristische Person. Das zeigt sich z. B. beim Kauf einer Geschäftsliegenschaft. Die beteiligten Gesellschafter sind gemeinsam Eigentümer der Liegenschaft und nicht die Rechtsgemeinschaft. Rechtsgemeinschaften sind

- die Kollektivgesellschaft,
- die Kommanditgesellschaft und auch
- die einfache Gesellschaft.

Die **Körperschaften** haben eine eigene Rechtspersönlichkeit. Sie sind **juristische Personen** und wie Menschen rechts- und handlungsfähig. Sie können also Rechte und Pflichten haben und Rechtsgeschäfte tätigen (z. B. Verträge abschliessen); kauft eine juristische Person ein Grundstück, dann wird sie die Eigentümerin und nicht die Mitglieder der Gesellschaft.

Um entscheiden und handeln zu können, braucht eine juristische Person **Organe.** Diese werden durch das OR und durch die Statuten festgelegt. Die **Statuten** sind der Gesellschaftsvertrag einer juristischen Person. Körperschaften und damit juristische Personen sind

- die AG,
- die GmbH,
- die Kommandit-AG,
- die Genossenschaft und
- der Verein.

Personen- und Kapitalgesellschaften

Bei den **Personengesellschaften** bringen die Gesellschafter ihr Kapital und vor allem auch ihre Arbeitskraft für den gemeinsamen Zweck ein. Personengesellschaften sind

- die einfache Gesellschaft,
- die Kollektivgesellschaft und
- die Kommanditgesellschaft.

Bei den **Kapitalgesellschaften** besteht die Leistung der Gesellschafter dagegen im Kapitalbeitrag an die Gesellschaft. Auf ihre aktive Mitarbeit kommt es nicht an. Das gilt vor allem für die Aktiengesellschaft (AG).

Die Gesellschaft mit beschränkter Haftung (GmbH) ist eine **Mischform.** Sie weist Elemente beider Gesellschaftsformen auf.

10.3 Das Einzelunternehmen

Um Einzelunternehmer zu werden, braucht es nichts anderes als den Mut, sich selbstständig zu machen. Nur wenige Vorschriften sind zu beachten.

10.3.1 Gründung

Das Einzelunternehmen entsteht mit Aufnahme der selbstständigen Unternehmenstätigkeit.

Ein Unternehmer, der mehr als **CHF 100 000.– Bruttoumsatz** im Jahr erzielt, wird als **kaufmännisches Unternehmen** bezeichnet. Es ist verpflichtet, sich im Handelsregister eintragen zu lassen. Der Eintrag wirkt aber nur **deklaratorisch,** das Unternehmen entsteht auch ohne den Eintrag. Unternehmen mit weniger als CHF 100 000.– Umsatz können sich freiwillig eintragen lassen (OR 934).

Wie bereits erwähnt, hat der **Handelsregistereintrag** rechtliche Konsequenzen. Eingetragene Einzelunternehmen

- unterstehen der Betreibung auf **Konkurs** (und zwar für Geschäfts- und Privatschulden),
- unterstehen den Regeln des **Firmenrechts** (die Firma ist der Name des Unternehmens) und
- es gelten für sie die Regeln der **kaufmännischen Stellvertretung.**

Bei der Wahl der **Geschäftsfirma** (Name) sind OR 945 und 946 zu berücksichtigen. Der Familienname des Unternehmers muss im Namen des Unternehmens enthalten sein.

Ein Einzelunternehmen ist nach OR 957 zur **Buchführung** verpflichtet.

- Einzelunternehmen mit einem Umsatz von mehr als CHF 500 000.– sind zur kaufmännischen Buchführung und Rechnungslegung nach den Bestimmungen von OR 957 ff. verpflichtet.
- Einzelunternehmen mit einem Umsatz unter CHF 500 000.– können sich mit einer einfacheren Buchhaltung begnügen. Sie müssen bloss über die Einnahmen und Ausgaben sowie die Vermögenslage Buch führen (OR 957 II). Von einer eigentlichen Rechnungslegung sind sie befreit.

10.3.2 Haftung

Einzelunternehmer haften mit ihrem **ganzen Geschäfts- und Privatvermögen** für die Schulden ihres Unternehmens.

10.3.3 Vertretungsverhältnisse

Ansprechpartner für Vertragsabschlüsse ist allein der Einzelunternehmer. Dieser kann aber andere Personen **bevollmächtigen.**

- Für das im Handelsregister eingetragene Einzelunternehmen gelten bezüglich angestellter Bevollmächtigter die Regeln der kaufmännischen Stellvertretung, d. h. **Prokura** und **Handlungsvollmachten** (vgl. OR 458 ff.).
- Aufgrund einer **speziellen Vollmacht** können aber auch andere Personen ermächtigt sein (z. B. ein Treuhänder, vgl. OR 32 ff. und OR 394 ff.).

Recht im Betrieb – Management-Basiskompetenz
Teil D Unternehmensformen und Handelsregister
10 Was ist ein Unternehmen?

109

10.4 Die Kollektivgesellschaft

Die Kollektivgesellschaft ist die vertragliche Verbindung von **Personen** zum Zweck, unter einer gemeinsamen **Firma** ein Unternehmen zu betreiben.

- Das Gesetz verlangt **mindestens zwei Gesellschafter,** die natürliche Personen sein müssen. Eine AG oder GmbH könnte also nicht Mitglied sein.
- Die **Firma** kann nach dem heute gültigen Recht frei gewählt werden. Die Kollektivgesellschaft kann also den Namen eines oder mehrerer Gesellschafter oder Fantasienamen verwenden. Damit die Gesellschaft schon aus der Firma als Kollektivgesellschaft erkannt werden kann, muss sie nach dem heute gültigen Recht immer den Zusatz KLG (für Kollektivgesellschaft) verwenden.

Hinweis

Die hier beschriebene Regel gilt seit dem 1. Juli 2016. Auf diesen Zeitpunkt wurde eine Neuerung des Firmenrechts in Kraft gesetzt. Nach dieser Neuerung kann die Kollektivgesellschaft bestehend aus den Gesellschaftern Bär, Maspoli und Zehnder z. B. folgende Namen haben:

- Fantasiename: Omega KLG usw.
- Familiennamen: Bär KLG oder Bär, Maspoli und Zehnder KLG usw.

Nach dem alten Recht musste eine Kollektivgesellschaft mindestens einen Namen eines Gesellschafters enthalten und den Zusatz Co., Fantasienamen waren ausgeschlossen.

10.4.1 Gründung

Die Gründung einer Kollektivgesellschaft ist einfach. Es genügt, dass die Gesellschafter den **Gesellschaftsvertrag** abschliessen, d. h., sich darauf einigen, gemeinsam ein Unternehmen zu betreiben. Meistens wird der Gesellschaftsvertrag schriftlich abgefasst, nach OR genügt aber auch eine mündliche, ja sogar eine stillschweigende Einigung.

Der **Handelsregistereintrag** ist gesetzlich vorgeschrieben, die wirtschaftlich tätige Kollektivgesellschaft **entsteht aber auch ohne den Eintrag** (OR 552 f.).

10.4.2 Die Beziehungen der Gesellschafter unter sich – das Innenverhältnis

Unter dem **Innenverhältnis** versteht man das Verhältnis der Gesellschafter unter sich. Das OR ist in dieser Hinsicht sehr offen und lässt den Gesellschaftern in der Ausgestaltung ihrer Beziehung einen grossen Spielraum. Wissen muss man einfach, dass die Regeln des OR für die Machtverteilung, die Beitragspflicht, und die Beteiligung am Geschäftserfolg ganz strikt auf das **Kopfprinzip** setzen. Jeder Gesellschafter hat grundsätzlich die gleichen Rechte und Pflichten. Wenn etwas anderes gelten soll, dann müssen die Gesellschafter dies im Gesellschaftsvertrag abmachen.

Hinweis

Gesetzliche Bestimmungen

Wenn Sie OR 557 II nachschlagen, erkennen Sie, dass für das Recht der Kollektivgesellschaft z. T. die Regeln der einfachen Gesellschaft zur Anwendung kommen (OR 530–551). Das hängt damit zusammen, dass die einfache Gesellschaft das Grundgerüst einer Gesellschaft ist. Seien Sie also nicht erstaunt, wenn wir auf den folgenden Seiten immer wieder auf solche Gesetzesartikel verweisen.

[10-2]   Gegenseitige Rechte und Pflichten der Gesellschafter einer Kollektivgesellschaft

Beiträge	**Kapital** (in Form von Geld oder von Sachen) **und Arbeitsleistung.**
	Grundsätzlich müssen die Gesellschafter gleiche Beiträge leisten (Kopfprinzip; OR 557 II und 531). Sie können aber im Gesellschaftsvertrag eine andere Aufgabenverteilung abmachen. So ist es z. B. möglich, dass ein Gesellschafter nur Kapital beisteuert und einer nur Arbeit.
Gesellschafts-beschlüsse	Gesellschaftsbeschlüsse sind Grundsatzentscheide wie Gewinnvertei-lung, Aufnahme eines neuen Gesellschafters, Auflösung der Gesellschaft, Änderung der Geschäftstätigkeit usw.
	• Nach OR müssen sie **einstimmig** gefällt werden (OR 557 II, 534 I).
	• Im **Gesellschaftsvertrag kann das Mehrheitsprinzip** vorgesehen werden (OR 557 I, 534 II).
Geschäfts-führung	• Nach OR ist jeder Gesellschafter zur Geschäftsführung berechtigt und verpflichtet (OR 557 II, 535).
	• Der Gesellschaftsvertrag kann aber andere Regelungen vorsehen, indem er das Geschäftsführungsrecht auf einen oder einzelne Gesell-schafter beschränkt (OR 557 I).
Finanzielle Ansprüche	**Anspruch auf Gewinnanteil.**
	• Nach OR gilt unabhängig vom geleisteten Beitrag das **Kopfprinzip** (OR 557 II, 533 I). Alle haben den gleichen Gewinnanteil.
	• Nach Gesellschaftsvertrag können andere Verteilungsschlüssel auf-gestellt werden (OR 557 I).
	Anspruch auf Verzinsung des eingebrachten Kapitals.
	• Nach OR kann jeder Gesellschafter für den von ihm geleisteten Kapitalbeitrag 4% Zins verlangen, und zwar unabhängig von Gewinn und Verlust (OR 558 II).
	• Andere Regelungen können im Gesellschaftsvertrag vorgesehen werden (OR 557 I).
	Honorar für geleistete Arbeit.
	• Es besteht **kein Honoraranspruch!** Die Gesellschafter werden für ihre Tätigkeit durch den Gewinnanteil und die Verzinsung des Kapitals entschädigt (OR 558).
	• Eine andere Regelung muss im Gesellschaftsvertrag vorgesehen sein.
Loyalitätspflicht	Jeder Gesellschafter ist verpflichtet, die Gesellschaftsinteressen wahrzunehmen und alles zu unterlassen, was der Gesellschaft schadet. Kein Gesellschafter darf ohne Einwilligung der anderen in einem Konkurrenzunternehmen tätig sein oder selbst Konkurrenzgeschäfte tätigen (OR 561).

10.4.3 Die Beziehungen der Gesellschaft zu Dritten – das Aussenverhältnis

Unter dem **Aussenverhältnis** versteht man das Verhältnis der Gesellschaft zu Dritten, d. h. vor allem zu Geschäftspartnern wie Lieferanten und Kunden. Dabei geht es um zwei Fragen: Wer darf die Gesellschaft vertreten, d. h. für sie z. B. rechtlich bindende Verträge abschliessen? Und wie haften die Gesellschafter für Schulden ihrer Gesellschaft?

[10-3] Vertretung der Gesellschaft und Haftung

Vertretung	• Nach OR ist jeder Gesellschafter zur Vertretung berechtigt (OR 563).
	• Eine andere Regelung ist im Gesellschaftsvertrag möglich; damit sie Dritten gegenüber wirkt, muss sie aber im **Handelsregister** eingetragen sein. So kann die Vertretung auf einzelne Gesellschafter beschränkt werden oder es kann vorgesehen werden, dass nur zwei Gesellschafter zusammen die Gesellschaft vertreten können (OR 555).
	• Vertretungsrechte können auch Mitarbeitenden oder an Dritten (z. B. Treuhänder) eingeräumt werden. Für die Mitarbeitenden kommt das Recht der kaufmännischen Stellvertretung zur Anwendung.
Haftung	• **Primär** (= in erster Linie) haftet die Gesellschaft mit ihrem ganzen Vermögen (Aktiven). Falls dieses nicht ausreicht, haften
	• **subsidiär** (= in zweiter Linie) die Gesellschafter, und zwar persönlich, unbeschränkt und solidarisch (OR 568).
	Persönlich heisst: Jeder haftet mit seinem **Privatvermögen**. **Unbeschränkt** heisst: Jeder haftet mit dem **ganzen Vermögen**. **Solidarisch** heisst: Ein Dritter kann von einem beliebigen Gesellschafter die gesamte Gesellschaftsschuld verlangen. Hat dieser bezahlt, ist es dann seine Sache, die Haftungsanteile der anderen Gesellschafter einzutreiben (OR 143 ff.).

Gesellschafterwechsel

Weil es bei der Kollektivgesellschaft auf die **Persönlichkeit** der Gesellschafter ankommt, sind Wechsel der Gesellschafter nur in ganz engen Grenzen möglich.

[10-4] Eintritt neuer Gesellschafter, Ausscheiden alter Gesellschafter

Eintritt	Für den **Eintritt** neuer Gesellschafter braucht es einen Gesellschaftsbeschluss (OR 557 II, 534).
Austritt	Der **Austritt** eines Gesellschafters erfolgt durch **Kündigung**. Falls nichts anderes im Gesellschaftsvertrag verabredet ist, wird die Gesellschaft dadurch **aufgelöst** (OR 576, 557 II, 546 I).
Ausschluss	Fällt ein Gesellschafter in den Konkurs, so können ihn die anderen Gesellschafter unter Auszahlung seines Anteils ausschliessen. Ein Ausschluss aus anderen wichtigen Gründen (z. B. schwere Pflichtverletzungen) kann ausserdem beim Richter beantragt werden (OR 577 ff.).
Tod	Ohne anderslautende Abmachung im Gesellschaftsvertrag wird die Gesellschaft beim Tod eines Gesellschafters **aufgelöst** (OR 574 I, 545 I).

10.5 Die Aktiengesellschaft (AG)

Die Aktiengesellschaft ist eine Verbindung von Personen zur Verfolgung eines gemeinsamen Zwecks. Es ist zulässig, dass eine einzelne Person eine AG gründet («Einmann-AG»; vgl. OR 625).

* Mögliche Mitglieder: natürliche / juristische Personen und Handelsgesellschaften.
* Im Unterschied zur Kollektivgesellschaft ist die AG eine juristische Person. Der Beitrag der Gesellschafter (= Aktionäre) besteht nur darin, der Gesellschaft Kapital zur Verfügung zu stellen. Das geschieht durch Übernahme der Aktien und durch Einzahlung des entsprechenden Betrags an die Gesellschaft.

- Das Aktienkapital ist zum Voraus bestimmt und muss mindestens CHF 100 000.– betragen (OR 620 und 621). Es ist in feste Teilsummen (Aktien) von mindestens einem Rappen Nennwert zerlegt (OR 622 IV). Für die Gesellschaftsschulden haftet nur das Gesellschaftsvermögen (OR 620 I). Die Aktiengesellschaft wird im deutschen Sprachraum kurz mit AG bezeichnet, im französischen und italienischen mit SA (société anonyme) und im englischen mit Ltd. (limited company).

- Die AG ist in der Firmenwahl frei. Sie kann Personen-, Sach- oder Fantasienamen verwenden; immer mit einem Zusatz, der die Rechtsform anzeigt (z. B. «AG»; OR 950 f.).

10.5.1 Gründung der AG

Die Gründung einer AG ist wesentlich komplizierter als die einer Kollektivgesellschaft. Das hängt damit zusammen, dass eine juristische Person «geboren» wird. Die Gründung erfolgt in vier Schritten:

[10-5] Vier Schritte der AG-Gründung

1. Statuten aufstellen	Die Gründer stellen die Statuten auf. Die Statuten sind der Gesellschaftsvertrag der AG. Sie regeln die wesentlichen Grundfragen wie Zweck, Aktienkapital, Organisation usw. (OR 626 ff.).
2. Kapital aufbringen	Die Aktionäre übernehmen das in den Statuten vorgesehene Aktienkapital, indem sie die Aktien zeichnen und anschliessend liberieren. Zeichnen heisst: sich zur Übernahme einer bestimmten Anzahl von Aktien einer AG verpflichten; liberieren heisst: bezahlen der übernommenen Aktien. Volle oder teilweise Liberierung: • Benötigt ein Unternehmen nicht sofort alles Aktienkapital, kann es eine beschränkte Liberierung vorsehen. Die Aktionäre müssen dann nicht sofort den ganzen Betrag einzahlen, sondern bloss einen Teil davon. • Dieser Teil muss pro Aktie mindestens 20% ausmachen und insgesamt muss das einbezahlte Aktienkapital mindestens CHF 50 000.– betragen. • Sobald die AG das nicht einbezahlte Kapital benötigt, kann sie die Aktionäre auffordern, dieses nachzuzahlen (OR 632, 634a und 683). Eine teilweise Liberierung ist nur bei Namenaktien möglich. Inhaberaktien müssen voll liberiert sein. Sperrkonto: • Die Einzahlung des Aktienkapitals erfolgt auf ein Sperrkonto. • Die AG kann erst über das Kapital verfügen, wenn die Gründung abgeschlossen ist (OR 633).
3. Öffentliche Gründungsurkunde	Die Gründungsurkunde ist die Erklärung der Aktionäre, dass die AG gegründet werden soll und dass alle gesetzlich vorgeschriebenen Massnahmen getroffen worden sind. Sie muss von einem Notar öffentlich beurkundet werden (OR 629).
4. Handelsregistereintrag	Die Gründung ist erst mit dem Handelsregistereintrag bzw. mit der Veröffentlichung im Schweizerischen Handelsamtsblatt (SHAB) abgeschlossen. In diesem Moment entsteht die AG als juristische Person (OR 643).

Besonderheiten bei der Gründung – Sacheinlagegründung

Unter Umständen ist es für die Gesellschaft nützlicher, wenn die Gründer statt Kapital Sachwerte einbringen (Maschinen, Fahrzeuge, Arbeitsmaterial, eine Liegenschaft usw.). Hier besteht aber die Gefahr, dass die Gründer solche Sachwerte für einen überhöhten Preis an die Gesellschaft übertragen. Um dies zu verhindern, müssen die Gründer einen Gründerbericht aufstellen, der genau Auskunft gibt über die eingebrachten Sachen und ihre Bewertung. Dieser Gründungsbericht muss von einem zugelassenen Revisor geprüft werden. Ausserdem wird die Tatsache der Sacheinlage im Handelsregister erwähnt. So können sich Gläubiger der AG informieren und die entsprechenden Vorkehrungen treffen (OR 634 und 635 f.).

10.5.2 Das Innenverhältnis der AG

Als juristische Person braucht die AG Organe, die die nötigen Entscheidungen fällen und Handlungen vornehmen. Sie heissen: Generalversammlung (GV), Verwaltungsrat (VR) und Revisionsstelle.

[10-6] Die Organe der AG und ihre Aufgaben

Generalversammlung fällt Gesellschafts-beschlüsse	Sie ist das oberste Organ der AG und setzt sich aus allen Aktionären zusammen. Ihre wichtigsten Aufgaben sind (OR 698): ● Festsetzen und Ändern der Statuten ● Wahl von VR und Revisionsstelle ● Kontrolle und Entlastung des VR (Rechnungsabnahme und Déchargeerteilung) ● Beschluss über Gewinnverteilung (u. a. Dividende) ● Beschluss über Auflösung, Fusion, Übernahme und Umwandlung der AG Bei börsenkotierten Unternehmen entscheidet die GV zwingend auch über die Entschädigung des Verwaltungsrats und des Topmanagements.
Verwaltungsrat hat die Geschäfts-führung und Vertretung	Der Verwaltungsrat ist das geschäftsführende Organ und wird von der GV gewählt. Der VR kann aus einem oder mehreren Mitgliedern bestehen. Es kommen nur natürliche Personen infrage. In Grossgesellschaften ist der VR häufig nur noch Aufsichtsorgan. Die eigentliche Geschäftsführung und Vertretung wird von einem Delegierten des Verwaltungsrats und / oder vom Management (Direktoren, Prokuristen u. a.) übernommen (OR 716b). Die Mitglieder des VR und das Topmanagement sind der Gesellschaft und den einzelnen Aktionären für den Schaden verantwortlich, den sie durch absichtliche oder fahrlässige Fehler in der Geschäftsführung verursachen (OR 754). Man spricht von der Organhaftung.
Revisionsstelle kontrolliert die Geschäftsbücher	Sie unterzieht die Geschäftsbücher einer Kontrolle und erstattet der GV darüber Bericht. Auch die Revisionsstelle wird von der GV gewählt. Das OR unterscheidet die ordentliche und die eingeschränkte Revision. ● Die ordentliche Revision ist erforderlich für börsenkotierte Unternehmen und für grosse nicht kotierte Unternehmen (Bilanzsumme grösser als 20 Millionen und / oder Umsatz grösser als 40 Millionen und / oder mehr als 250 Vollzeitmitarbeiter, vgl. OR 727, OR 728 ff.). ● Die eingeschränkte Revision (Review) ist zulässig, falls die Voraussetzungen für eine ordentliche Revision nicht gegeben sind. ● Mit der Zustimmung sämtlicher Aktionäre kann auf die eingeschränkte Revision verzichtet werden, wenn die Gesellschaft nicht mehr als zehn Vollzeitstellen im Jahresdurchschnitt hat (OR 727a, OR 729 ff.). Anforderungen an die Revisionsstelle. Ein Mitglied der Revisionsstelle muss Sitz in der Schweiz haben (OR 730 IV). Die Amtsdauer ist beschränkt (OR 730a). Revisoren müssen amtlich zugelassen sein, d. h. bestimmte fachliche Voraussetzungen erfüllen, damit sie ihre Funktion ausüben dürfen (vgl. OR 727b und c). Verantwortlichkeit. Die Revisionsstelle ist für den Schaden verantwortlich, den sie durch absichtliche oder fahrlässige Verletzung ihrer Pflichten verursacht (OR 755).

Hinweis

Neue Regeln des Rechnungslegungsrechts

Bis Ende 2012 enthielt das Aktienrecht eine ganze Reihe von besonderen Vorschriften für die Rechnungslegung bei der AG (vgl. alt OR 662–670).

Diese Bestimmungen wurden im Rahmen der umfassenden Revision des Rechnungslegungsrechts aus dem Aktienrecht entnommen. Das neue Rechnungslegungsrecht ist nun in OR 957–963b enthalten und gilt unabhängig von der Rechtsform für alle kaufmännischen Unternehmen.

10.5.3 Vertiefung: Stimmrecht an der Generalversammlung

Mehrheitsverhältnisse an der GV

Falls Gesetz und Statuten nichts anderes vorsehen, fasst die GV ihre Beschlüsse mit der **absoluten Mehrheit der anwesenden Stimmen** (= abgegebene und enthaltene Stimmen dividiert durch 2 plus 1).

Bei besonders wichtigen Entscheidungen verlangt das Gesetz qualifizierte, d. h. **verschärfte Mehrheitsverhältnisse.** Massgebend ist die Bestimmung von OR 704 I.

Qualifiziertes Mehr bedeutet, dass mindestens

- **zwei Drittel der an der GV anwesenden Stimmen** zustimmen.
- Diese zwei Drittel müssen zusätzlich mindestens die **Hälfte des an der GV «anwesenden» Aktienkapitals** ausmachen.

[10-7]   Mehrheitsverhältnisse an der GV

Absolutes Mehr der vertretenen (anwesenden) Stimmen	Qualifiziertes Mehr der vertretenen (anwesenden) Stimmen	
Anwesende Stimmen: 2 + 1	**Nach Gesetz (OR 704)** • Mind. 2/3 der anwesenden Stimmen sowie zusätzlich • Mind. 1/2 des anwesenden Aktienkapitals	**Nach Statuten**
Alle Entscheide, für die das Gesetz oder die Statuten kein qualifiziertes Mehr verlangen.	**Fälle von OR 704:** • Änderung des Gesellschaftszwecks • Einführung von Stimmrechtsaktien • Übertragungsbeschränkungen von Namenaktien • Gewisse Formen von Kapitalerhöhungen • Einschränkungen des Aktienbezugsrechts bei Kapitalerhöhungen • Verlegung des Gesellschaftssitzes • Auflösungsbeschluss	Die Statuten können neben OR 704 weitere Fälle vorsehen und auch festlegen, wie das qualifizierte Mehr bestimmt ist.

Stimmrechtsaktien

Da die AG eine Kapitalgesellschaft ist, wird das Stimmrecht an der GV nach dem Anteil eines Aktionärs am Aktienkapital bestimmt (OR 692 I). Dabei hat jeder Aktionär mindestens eine Stimme (OR 692 II).

Beispiel

A, B und C sind Aktionäre der XY AG, die ein Aktienkapital von CHF 100 000.–, aufgeteilt in Aktien zu je CHF 1 000.–, hat. A besitzt 20 Aktien, B 30 und C 50. Entsprechend ist auch das Stimmrecht verteilt: Auf A entfallen 20 Stimmen, auf B 30 und auf C 50.

Mit **Stimmrechtsaktien** kann die kapitalbezogene Verteilung des Stimmrechts geändert werden (OR 693). Es gibt dann zwei Kategorien von Aktien, die gewöhnlichen Stammaktien und die Stimmrechtsaktien.

Stimmrechtsaktien haben unabhängig von ihrem Nennwert **eine Stimme.** So kann ein Aktionär oder eine Aktionärsgruppe mit einem Bruchteil des Kapitals die AG beherrschen. Stimmrechtsaktien müssen **voll einbezahlte Namenaktien** sein. Für bestimmte Beschlüsse findet die Bemessung des Stimmrechts nach der Anzahl der Aktien keine Anwendung (OR 693 III).

Beispiel

Das Aktienkapital der XY AG beträgt CHF 100 000.–, unterteilt in 100 Aktien zu CHF 100.– und in 90 Aktien zu CHF 1 000.–. Die Statuten legen fest, dass die Aktien mit Nennwert von CHF 100.– als Stimmrechtsaktien ausgestaltet sind und dass alle Aktien je eine Stimme haben:
- Die 100 Stimmrechtsaktien vertreten CHF 10 000.– Kapital und haben 100 Stimmen.
- Die 90 Stammaktien vertreten CHF 90 000.– Kapital und haben nur 90 Stimmen.

10.5.4 Die Stellung des Aktionärs in der AG

Rechte und Pflichten

Der Aktionär ist Kapitalgeber der AG. Er ist zu einer aktiven Mitarbeit weder berechtigt noch verpflichtet. Will er mitarbeiten, dann muss er sich anstellen oder in den VR wählen lassen.

Der Aktionär hat **keine Loyalitätspflicht.** Er darf «seine» Gesellschaft beliebig konkurrenzieren. Deshalb hat er keinen Einblick in die Geschäftsunterlagen der AG. Die Revisionsstelle kontrolliert die Geschäftsbücher im Auftrag des Aktionärs und erstattet an der GV Bericht.

[10-8]   Rechte und Pflichten des Aktionärs

Eine Pflicht	Die einzige Pflicht des Aktionärs ist die Einzahlung der übernommenen Aktien. Er ist blosser Kapitalgeber (OR 680).
Drei Vermögens-rechte	Die Vermögensrechte des Aktionärs bestehen aus • dem Recht auf Dividende (= Anteil am Gewinn, OR 675), • dem Bezugsrecht für neue Aktien bei Kapitalerhöhungen (OR 652b) und • dem Anteil am Liquidationserlös bei Auflösung der AG (OR 745).
Drei Mitglied-schaftsrechte	Die Mitgliedschaftsrechte sichern dem Aktionär die Mitbestimmung in der AG. Drei Rechte stehen im Vordergrund: • Teilnahme an der GV. Der Aktionär hat das Recht zur Teilnahme an der GV. Er muss auf dem statutarisch vorgesehenen Weg dazu eingeladen werden (OR 689 ff.). • Stimm- und Wahlrecht an der GV. Das Stimmrecht ist kapitalbezogen. Je mehr Anteil am Aktienkapital ein Aktionär besitzt, desto grösser ist seine Stimmmacht. Die Statuten können jedoch eine andere Gewichtung der Stimmverhältnisse vorsehen (OR 692 ff.). • Kontrollrechte. Der Aktionär hat Anspruch auf den Geschäftsbericht. An der GV kann er vom VR und von der Revisionsstelle Auskunft verlangen. Einblick in die Geschäftsbücher erhält er nur mit Ermächtigung der GV oder des VR. Als stärkstes Kontrollmittel steht dem Aktionär die Sonderprüfung zur Verfügung (OR 697a).

10.5.5   Arten von Aktien

Die Aktie dokumentiert die Mitgliedschaft des Aktionärs. Es gibt verschiedene Aktienarten:

• Nach der **Übertragungsart** unterscheidet man Namenaktien und Inhaberaktien.
• Nach der **Rechtsstellung des Aktionärs** innerhalb der Gesellschaft unterscheidet man Stammaktien, Stimmrechtsaktien und Vorzugsaktien.

Übertragungsart: Inhaberaktien und Namenaktien

Die **Inhaberaktie** lautet auf den Inhaber. Der Aktionär ist **nicht mit Namen** erwähnt. Das bedeutet für die Gesellschaft: Jeder Inhaber der Aktie – wer er auch immer sei – hat die darin verbrieften Mitgliedschaftsrechte.

Die **Übertragung** von Inhaberaktien ist einfach: Mit der Veräusserung des Aktientitels werden die Mitgliedschaftsrechte auf den Erwerber übertragen.

Hinweis

Bei anonymen Geschäften besteht die Gefahr von Geldwäscherei. Deshalb sieht das Aktienrecht heute vor, dass ein Erwerber von Inhaberaktien der AG innert Monatsfrist seinen Namen mitteilen muss. Die AG selbst muss ein **Verzeichnis der Inhaberaktionäre** und der wirtschaftlich berechtigten Personen führen. Der Aktionär kann auf die Meldung verzichten, wenn er die Aktien an der Börse erworben hat. Hier laufen die Transaktionen über Banken, die ebenfalls verpflichtet sind, die Namen ihrer Kunden zu dokumentieren (und so Geldwäscherei zu erschweren).

Namenaktien lauten auf den Namen des Aktionärs. Will ein Namenaktionär seine Aktien verkaufen, muss er diese mit **Indossament** auf den neuen Aktionär überschreiben. Im Indossament ist der Erwerber namentlich erwähnt. Zudem führt die AG ein **Aktienbuch**. Darin werden sämtliche Handänderungen von Namenaktien vermerkt.

Erst mit dem Eintrag im Aktienbuch wird der Erwerber einer Namenaktie als **Mitglied** der Gesellschaft anerkannt (OR 686 IV). Zuständig für das Aktienbuch ist der Verwaltungsrat.

Wenn die **Statuten** nichts anderes vorsehen, hat der Erwerber einer Namenaktie Anspruch auf Eintrag ins Aktienbuch. Die Statuten der AG können aber den Aktienbucheintrag von Bedingungen abhängig machen. Man spricht dann von **vinkulierten Namenaktien** (OR 685 ff.). Bei vinkulierten Namenaktien kann der Verwaltungsrat einen Erwerber von Namenaktien als Mitglied ablehnen, wenn er die statutarischen Bedingungen nicht erfüllt:

- Bei **börsenkotierten Unternehmen** erhält der abgelehnte Aktionär wenigstens die Vermögensrechte (Rechte auf Dividende). Er wird als Aktionär ohne Stimmrecht ins Aktienbuch eingetragen.
- Bei **nicht börsenkotierten Unternehmen** erhält der abgelehnte Aktionär überhaupt keine Rechte.

Beispiel

Die börsenkotierte X AG sieht in ihren Statuten vor, dass ein einzelner Namenaktionär maximal 5% der Aktien besitzen darf. Deshalb kann der Verwaltungsrat den Aktienbucheintrag für die Aktien eines Erwerbers ablehnen, die diese Prozenthürde übersteigen.

Bei Aktien von Gesellschaften, die nicht an der Börse gehandelt werden, können die Statuten viel umfassendere Ablehnungsgründe vorsehen. Erlaubt sind z.B. Bestimmungen zur Wahrung der Selbstständigkeit oder zum Erhalt eines bestimmten Aktionärskreises.

Rechtsstellung: Stammaktien, Stimmrechtsaktien und Vorzugsaktien

Stammaktien sind die **gewöhnlichen** Aktien im Gegensatz zu Stimmrechtsaktien und Vorzugsaktien, die ihren Mitgliedern eine besondere Stellung geben.

Vorzugsaktien bevorzugen den Aktionär in vermögensrechtlicher Hinsicht, z.B. durch das Anrecht auf eine **höhere Dividende** (OR 656 II).

Stimmrechtsaktien sind eine über die Kapitalbeteiligung hinausgehende **Stimmmacht** an der GV (OR 692). Mit Stimmrechtsaktien kann ein Aktionär die AG beherrschen, obwohl er nur einen kleinen Teil des Kapitals beigesteuert hat.

10.5.6   Die Beziehungen der Gesellschaft zu Dritten – Aussenverhältnis

Wie bei der Kollektivgesellschaft geht es um die Vertretung der AG gegenüber Dritten und um die Haftung für Gesellschaftsschulden.

[10-9]   Vertretung der Gesellschaft und Haftung der Aktionäre

Vertretung der Gesellschaft	Der VR tritt im Geschäftsleben für die AG auf. Sofern im Unternehmen vorhanden, kann der VR die Vertretung an Direktoren oder Prokuristen übertragen (OR 716b ff.). Damit eine Gesellschaft in der Schweiz auch jederzeit «greifbar» ist, muss mindestens ein vertretungsberechtigtes Mitglied des VR oder ein Direktor in der Schweiz Wohnsitz haben (OR 718 ff.).
Haftung	Für die Gesellschaftsschulden haftet nur das Gesellschaftsvermögen und nicht die Aktionäre persönlich. Es gelten verschiedene Bestimmungen zum Schutz der Gläubiger. • Die AG muss mit einem Teil des Gewinns Reserven bilden und weist so ein höheres Eigenkapital auf als bloss das von den Aktionären einbezahlte Aktienkapital (OR 671). • Sobald das Gesellschaftsvermögen nicht mehr ausreicht, um die Schulden der Gesellschaft zu begleichen, muss der VR den Konkurs anmelden (OR 725). • Für Grossunternehmen besteht eine verschärfte Rechnungslegungspflicht (OR 662a ff.). • Verbot von Kapitalrückzahlungen und Verzinsung des Aktienkapitals (OR 680 II, OR 675 I).

10.5.7 Gesellschafterwechsel und Kapitalerhöhung

Weil es bei der AG nur auf das Kapital der Aktionäre ankommt, sind Gesellschafterwechsel leicht.

[10-10]   Eintritt und Austritt von Gesellschaftern; neue Gesellschafter

Eintritt und Austritt von Gesellschaftern	Weil der Aktionär blosser Kapitalgeber ist, ist die Mitgliedschaft übertragbar. Um die Übertragung zu erleichtern, sind die Aktien bei Grossgesellschaften als besondere Urkunden, sog. Wertpapiere, ausgestaltet. Man unterscheidet zwischen Inhaberaktien und Namenaktien: • Inhaberaktien lauten auf den Inhaber. Damit anerkennt die AG den jeweiligen Besitzer der Aktie als Aktionär. Zur Übertragung der Aktie genügt die Übergabe der Urkunde (OR 683, 967 I). • Namenaktien lauten auf den Namen des Aktionärs. Dadurch wird die Übertragung komplizierter. Es braucht die Übergabe des Papiers, ein Indossament (= schriftlicher Übertragungsvermerk auf der Rückseite des Papiers) und den Eintrag ins Aktienbuch der AG (OR 684, 686). Das Aktienbuch ist das Verzeichnis aller Namenaktionäre einer AG. Es hat für Namenaktien praktisch eine ganz wichtige Bedeutung, denn nur wer im Aktienbuch als Namenaktionär eingetragen ist, wird von der AG als Mitglied anerkannt. Die Statuten können den Eintrag ins Aktienbuch von Bedingungen abhängig machen (OR 685 ff.).
Kapitalerhöhung	Benötigt die AG mehr Eigenkapital, kann sie das Aktienkapital erhöhen. Dies wird von der GV beschlossen und vom VR durchgeführt (OR 650 ff.).

10.6   Die Gesellschaft mit beschränkter Haftung (GmbH)

Die GmbH ist eine Verbindung von Personen zur Verfolgung eines gemeinsamen Zwecks unter einer Firma. Die Gründung einer Einpersonen-GmbH ist möglich (OR 772).

• Die Mitglieder können natürliche Personen, juristische Personen oder Handelsgesellschaften sein.
• Die GmbH ist wie die AG eine juristische Person mit einem zum Voraus bestimmten Kapital. Es heisst Stammkapital und ist in feste Teilsummen (Stammanteile) zu mindestens CHF 100.– oder einem Vielfachen davon unterteilt. Das Stammkapital beträgt mindestens CHF 20 000.– und muss voll liberiert sein (OR 773 und 774).
• Die GmbH kann in ihrer Firma Personennamen, Sachnamen oder Fantasienamen verwenden. Der Zusatz «GmbH» muss immer erscheinen (OR 950).

10.6.1   Gründung der GmbH

Die Gründung einer GmbH verläuft wie die Gründung einer AG (OR 777 ff.). Die teilweise Liberierung des Stammkapitals ist im Unterschied zur AG ausgeschlossen.

10.6.2 Das Innenverhältnis der GmbH

Als juristische Person braucht die GmbH Organe. Das OR schreibt drei Organe vor: die Gesellschafterversammlung, die Geschäftsführung und die Revisionsstelle.

[10-11] Die Organe der GmbH und ihre Aufgaben

Gesellschafter-versammlung	Die Gesellschafterversammlung ist das oberste Organ der GmbH und wird von allen Gesellschaftern gebildet (OR 804 ff.). Sie hat im Prinzip die gleichen Aufgaben wie die GV bei der AG: Festsetzung und Änderung der Statuten, Beschluss über die Gewinnverteilung usw. (OR 804). Es gibt allerdings einen wichtigen Unterschied: Die Wahl der Geschäftsführung entfällt, weil grundsätzlich alle Gesellschafter zur Geschäftsführung berechtigt sind. Die Gesellschafterversammlung trifft ihre Entscheidungen durch Abstimmung. Das Stimmrecht ist kapitalbezogen. Es bemisst sich nach der Höhe der Stammanteile (OR 806 I). Eine andere Verteilung der Stimmmacht, z. B. eine Stimme pro Gesellschafter, kann in den Statuten vorgesehen werden (OR 806 II, vgl. aber OR 806 III)
Geschäfts-führung	Die Geschäftsführung ist das geschäftsführende Organ der GmbH. Wenn die Statuten nichts anderes vorsehen, wird sie automatisch von allen Gesellschaftern gemeinsam gebildet (OR 809 I).
Revisionsstelle	Die Revisionsstelle ist das Kontrollorgan der GmbH. Es gelten die gleichen Bestimmungen wie bei der AG (OR 818). • Für grössere GmbHs ist die Revisionsstelle zwingend vorgeschrieben (Messgrössen sind dabei je nach Situation die Bilanzsumme, der Umsatz bzw. die Anzahl der Angestellten; vgl. OR 727 und 727a). • Nur bei ganz kleinen GmbHs mit weniger als zehn Beschäftigten im Jahresdurchschnitt kann auf die Revisionsstelle verzichtet werden. Die Gesellschafter müssen einstimmig beschliessen, auf die Revisionsstelle zu verzichten. Sobald ein Gesellschafter es verlangt, muss aber eine Revisionsstelle eingesetzt werden (OR 818, 727a II und IV).

10.6.3 Stellung der Gesellschafter

Die GmbH ist eine Mischform zwischen einer Kollektivgesellschaft und einer AG. Dabei ist die Stellung der Gesellschafter ähnlich wie bei einer Kollektivgesellschaft.

[10-12]   Die Rechte und Pflichten der Gesellschafter

Vier Pflichten	• Einzahlungspflicht. Der Gesellschafter hat die Pflicht, seinen Stammanteil einzubezahlen (OR 793, sog. Liberierung). • Geschäftsführungspflicht und Vertretung. Alle Gesellschafter sind zur gemeinsamen Geschäftsführung und Vertretung berechtigt und verpflichtet. Diese Pflicht zur Mitarbeit entfällt, wenn die Statuten eine andere Regelung der Geschäftsführung vorsehen (OR 809 und 814). • Verantwortlichkeit. Wie im Aktienrecht haften pflichtvergessene Geschäftsführer für Schäden, die sie durch Fehler anrichten (OR 827). • Loyalitätspflicht. Gesellschafter, Geschäftsführer sowie Dritte, die mit der Geschäftsführung betraut sind, dürfen keine konkurrenzierende Tätigkeit ausüben (OR 803 und 812).
Zwei Vermögensrechte	• Recht auf Dividende = Gewinnanteil (OR 798) und • Recht auf Liquidationserlös (OR 826).
Drei Mitgliedschaftsrechte	Zu den Mitgliedschaftsrechten gehören: • Das Stimmrecht an der Gesellschafterversammlung. Es ist grundsätzlich kapitalbezogen und bemisst sich an der Höhe der Stammanteile. Die Statuten können das Kopfstimmrecht vorsehen (OR 806). • Das Geschäftsführungs- und Vertretungsrecht. Die Geschäftsführung kann statutarisch auf einzelne Gesellschafter übertragen werden. Die zur Vertretung der Gesellschaft berechtigten Personen müssen im Handelsregister eingetragen sein (OR 809, 814 VI). • Das Kontrollrecht. Jeder Gesellschafter hat Anspruch auf den Geschäftsbericht (OR 801 und 801a) und auf Auskunft von den Geschäftsführern (OR 802 I). Wenn die GmbH keine Revisionsstelle hat, besteht auch ein Recht auf Einblick in die Geschäftsbücher (OR 802 II).

10.6.4 Das Aussenverhältnis

[10-13]   Vertretung der GmbH und Haftung der Gesellschafter

Vertretung	Die Vertretung der GmbH erfolgt durch die Gesellschafter. Sofern die Statuten nichts anderes vorsehen, ist jeder Gesellschafter einzeln zur Vertretung berechtigt. Je nach Bedürfnissen können sie auch Direktoren oder Prokuristen als Arbeitnehmer der GmbH einsetzen. Über die genauen Vertretungsverhältnisse gibt das Handelsregister Auskunft (OR 814).
Haftung	Es haftet ausschliesslich das Gesellschaftsvermögen für die Schulden. Darüber hinausgehende Leistungspflichten der Gesellschafter sind einzig im Rahmen einer statutarisch vereinbarten Nachschusspflicht möglich (OR 794 ff.). Da nur das Gesellschaftsvermögen haftet, stellt das Gesetz wie bei der AG verschiedene Bestimmungen zum Schutz der Gläubiger auf: • Die GmbH muss mit einem Teil des Gewinns Reserven bilden und weist so ein höheres Eigenkapital auf als bloss das von den Gesellschaftern einbezahlte Stammkapital (OR 798). • Sobald das Gesellschaftsvermögen nicht mehr ausreicht, um die Schulden der Gesellschaft zu begleichen, muss die Geschäftsführung den Konkurs anmelden (OR 820). • Verbot von Kapitalrückzahlungen und Verzinsung des Stammkapitals (OR 793 II und 798a).

Recht im Betrieb – Management-Basiskompetenz
Teil D Unternehmensformen und Handelsregister
10 Was ist ein Unternehmen?

121

10.6.5 Gesellschafterwechsel und Kapitalerhöhung

[10-14]   Eintritt und Austritt von Gesellschaftern, Kapitalerhöhung

Eintritt und Austritt von Gesellschaftern	• Veräusserung der Mitgliedschaft: Nach dem OR kann ein Gesellschafter seine Stammanteile und damit seine Mitgliedschaft übertragen, wenn die Gesellschafterversammlung zustimmt (vgl. OR 785 ff.). Die Statuten können aber auch andere Regelungen vorsehen (z. B. freie Übertragbarkeit der Stammanteile oder Verbot der Abtretung).
	• Austritt und Ausschluss aus der Gesellschaft. Die Statuten einer GmbH können das Austrittsrecht vorsehen. Unabhängig davon kann jeder Gesellschafter aus wichtigen Gründen beim Richter den Austritt beantragen. Ebenso kann die Gesellschaft aus wichtigen Gründen beim Richter den Ausschluss eines Gesellschafters verlangen. In allen Fällen hat der ausscheidende Gesellschafter eine Abfindung zugut, die dem Wert seiner Stammanteile entspricht (OR 822 ff.).
	• Tod eines Gesellschafters. Die GmbH besteht weiter. Die Erben erhalten ohne Weiteres die Vermögensrechte des Verstorbenen. Um auch die Mitgliedschaftsrechte zu erhalten, muss die Gesellschafterversammlung einen Beschluss fassen (OR 788).
Kapitalerhöhung	Mit einem Gesellschaftsbeschluss kann das bisherige Eigenkapital erhöht werden (OR 781). Es kann von den bisherigen oder von neuen Gesellschaftern aufgebracht werden.

	Die wichtigsten Merkmale von Kollektivgesellschaft, Aktiengesellschaft und GmbH auf einen Blick		
	Kollektivgesellschaft	**Aktiengesellschaft (AG)**	**GmbH**
Gesetzliche Grundlage	OR 552 ff.	OR 620 ff.	OR 772 ff.
Eignung	Kleinere / mittlere Geschäfte mit wenigen Teilhabern, die persönlich mitarbeiten wollen und sich gegenseitig vertrauen. Hauptvorteil: Risikoverteilung.	Geschäfte jeder Art und Grösse; aktive Mitarbeit der Teilhaber nicht erforderlich. Hauptvorteil: Kapitalbeschaffung, beschränkte Haftung, Anonymität.	Geschäfte jeder Art und Grösse; aktive Mitarbeit der Gesellschafter häufig. Hauptvorteil: Kapitalbeschaffung, beschränkte Haftung.
Grundkapital	Keine Vorschrift.	Mind. CHF 100 000 (OR 621).	Mind. CHF 20 000 (OR 773).
Anzahl Eigentümer	Mind. 2 natürliche Personen (OR 552).	Mind. 1 natürliche / juristische Person oder Handelsgesellschaft (OR 625).	Mind. 1 natürliche / juristische Person oder Handelsgesellschaft (OR 775).
Gründung	Die Gründung erfolgt durch Abschluss eines Gesellschaftsvertrags. Ins Handelsregister einzutragende Daten müssen schriftlich abgefasst werden (OR 556, siehe aber auch OR 553).	Vier Schritte: • Statuten aufstellen (OR 629 I, 626 ff.). • Aktien zeichnen und Mindesteinlage einzahlen (= Liberierung, OR 629 ff.). • Öffentliche Gründungsurkunde (OR 629). • Handelsregistereintrag (OR 640, 643).	Vier Schritte: • Statuten aufstellen (OR 777, 776 f.). • Stammanteile zeichnen und vollständig einzahlen (= Liberierung, OR 777a ff.). • Öffentliche Gründungsurkunde (OR 777). • Handelsregistereintrag (OR 778, 779).
Stellung der Gesellschafter	**Vermögensrechte.** • Anspruch auf Gewinnanteil (OR 557 II 533 I), • Anspruch auf Verzinsung des eingebrachten Kapitals (OR 558 II), • Anspruch auf Honorar für geleistete Arbeit (OR 558). **Recht zur Geschäftsführung und Vertretung** (OR 557 II, 535, 563). **Loyalitätspflicht.** Geschäftsinteressen wahren, Konkurrenzverbot (OR 561).	**Vermögensrechte.** • Anspruch auf Gewinn- und Liquidationsanteil (OR 660 f., 675), • Bezugsrecht neuer Aktien bei Kapitalerhöhung (OR 652b). **Mitgliedschaftsrechte.** • Teilnahmerecht und Stimmrecht an der GV, • Kontrollrechte wie Auskunfts-, Einsichtsrecht, Recht auf Sonderprüfung (OR 689 ff.). **Leistungspflicht.** • Der Aktionär muss die gezeichneten Aktien bezahlen (OR 680). • Verantwortlichkeit (OR 752 ff.).	**Vermögensrechte.** • Recht auf Gewinnanteil und Liquidationserlös (OR 798, 826). **Mitgliedschaftsrechte.** • Teilnahmerecht und Stimmrecht an der Gesellschafterversammlung (OR 806), • Recht zur Geschäftsführung (OR 809, 814), • Kontrollrechte (OR 802 II). **Leistungspflicht.** • Der Gesellschafter muss die gezeichneten Stammanteile bezahlen (OR 793). • Loyalitäts-, Treuepflicht der Gesellschafter (OR 803, 812). • Verantwortlichkeit pflichtvergessener geschäftsführender Gesellschafter (OR 827).
Haftung	Primäre Haftung der Gesellschaft, sekundäre Haftung der Gesellschafter, und zwar unbeschränkt und solidarisch (OR 568 f.).	Nur Gesellschaftsvermögen. Keine persönliche Haftung der Aktionäre (OR 620, siehe aber auch OR 645, 752).	Nur Stammkapital. Keine persönliche Haftung des Gesellschafters über die Stammanteile hinaus (OR 794, siehe aber statutarische Nachschusspflicht OR 795).
Organisation	Als Personengesellschaft hat die Kollektivgesellschaft keine Organe. Die Geschäftsführung, Vertretung und Kontrolle wird durch die Gesellschafter ausgeübt (OR 557 II, 534 II, 535; OR 563).	• Generalversammlung (OR 698 ff.) • Verwaltungsrat (OR 707 ff.) • Revisionsstelle, bei kleinen Gesellschaften kann auf Revisionsstelle verzichtet werden (OR 727 ff., OR 727a).	• Gesellschafterversammlung (OR 804 ff.) • Geschäftsführung (OR 809 ff.) • Revisionsstelle, bei kleinen Gesellschaften kann auf Revisionsstelle verzichtet werden (OR 818 und OR 727a).

	Die wichtigsten Merkmale von Kollektivgesellschaft, Aktiengesellschaft und GmbH auf einen Blick		
	Kollektivgesellschaft	**Aktiengesellschaft (AG)**	**GmbH**
Geschäftsführung	Geschäftsführung steht allen Gesellschaftern zu (OR 557 II, 535).	Geschäftsführung durch VR gesamthaft. Der VR kann die Geschäftsführung delegieren (OR 716 II, 716b).	Geschäftsführung durch alle Gesellschafter gemeinsam. Abweichende Regelung durch Statuten möglich (OR 809 ff.).
Vertretung	Jeder Gesellschafter ist zur Vertretung berechtigt. Das Vertretungsrecht kann an Bevollmächtigte wie Prokuristen oder andere Handlungsbevollmächtigte delegiert werden (OR 555, 563 ff.).	Jedes Mitglied des VR hat ein Einzelzeichnungsrecht. Andere Regelungen möglich, insbesondere Ermächtigung von Direktoren, Prokuristen und anderen Handlungsbevollmächtigten (OR 718 ff.).	Jeder Geschäftsführer ist zur Vertretung berechtigt. Die Statuten können die Vertretung abweichend regeln, jedoch muss mindestens ein Geschäftsführer zur Vertretung befugt sein (OR 814).
Gesellschafterwechsel	• Eintritt neuer Gesellschafter braucht Gesellschaftsbeschluss (OR 557 II 534). • Austritt der Gesellschafter braucht Vereinbarung, Kündigung (OR 576, 557 II, 546 I).	Mitgliederwechsel geschieht durch Aktienverkauf (OR 683 ff.).	Die Abtretung von Stammteilen bedarf der Zustimmung der Gesellschafterversammlung. Die Gesellschafterversammlung kann die Zustimmung ohne Angabe von Gründen verweigern. Von dieser Regelung können die Statuten abweichen (OR 785 ff.).
Firmenbildung	Familiennamen aller Gesellschafter oder Name eines Gesellschafters plus Gesellschaftszusatz & Co. / Cie. (OR 947 f., 951).	Personen-, Sach- oder Fantasiename (OR 950 f.). Der Zusatz «AG» oder ein Zusatz mit gleicher Bedeutung ist zwingend.	Personen-, Sach- oder Fantasiename, Zusatz «GmbH» ist in jedem Fall erforderlich (OR 949, 951).

Einzelunternehmen

Das Einzelunternehmen ist im OR nicht wie die übrigen Unternehmensformen unter einem eigenen Titel geregelt. Die wenigen Regeln, die das Einzelunternehmen betreffen, finden sich unter verschiedenen Titeln wie das Handelsregister (OR 934), die Geschäftsfirmen (OR 945 f.), die kaufmännische Buchführung (OR 956) sowie in der Handelsregisterverordnung (HRegV 10, 52 ff.). Der Einzelunternehmer haftet mit seinem ganzen Geschäfts- und Privatvermögen.

Repetitionsfragen

35 Wo finden sich die gesetzlichen Grundlagen des Einzelunternehmens im Gesetz?

36 Welche Gründungsschritte müssen Sie durchlaufen, wenn Sie eine Kollektivgesellschaft, eine AG oder eine GmbH gründen wollen?

A] Beschreiben Sie die Schritte bei der Gründung einer Kollektivgesellschaft.

B] Beschreiben Sie die einzelnen Schritte bei der Gründung einer AG.

C] Beschreiben Sie die einzelnen Schritte bei der Gründung einer GmbH.

37 In welchen der folgenden Fälle handelt es sich um eine Gesellschaft?

A] Die Absolvierenden einer Abendschule, die das gemeinsame Ziel verfolgen, den eidgenössischen Fachausweis «Führungsfachmann / Führungsfachfrau» zu erlangen.

B] Monika Streiff und Oskar Schönenberger, die als Konkubinatspaar zusammenleben.

C] Karl Züllig leiht seinem Freund Fred Rhyner CHF 50 000.– mit der Abmachung, dass er als Zins 1% des Jahresgewinns aus Fred Rhyners Unternehmen erhält und dass er die geliehene Summe erst nach einer Kündigungsfrist von zwei Jahren zurückverlangen darf.

38

Die Firma Holzer + Co. schuldet ihrem Vermieter CHF 20 000.– für aufgelaufene Mietzinsen. Die Betreibung von Holzer + Co. verläuft erfolglos, da sie über keinerlei Geschäftsvermögen mehr verfügt. Der eine der beiden Gesellschafter, Hans Holzer, steckt in finanziellen Schwierigkeiten, während der andere, Peter Speck, als wohlhabend gilt.

Kann der Vermieter von Peter Speck die ausstehenden CHF 20 000.– verlangen?

39

Ein Direktor der X-AG betreibt unnötige, riskante Börsenspekulationen und fügt der AG grossen finanziellen Schaden zu. Der Verwaltungsrat hat davon gewusst, aber nichts unternommen. Könnte man gegen ihn vorgehen?

11 Die Stellvertretung: Wer darf ein Unternehmen nach aussen vertreten?

Lernziele: Nach der Bearbeitung dieses Kapitels können Sie ...

* zwischen der direkten und der indirekten sowie der gewöhnlichen und der kaufmännischen Stellvertretung unterscheiden.
* erklären, wann die gewöhnliche Stellvertretung zum Zug kommt und unter welchen Voraussetzungen die Vertretungswirkungen eintreten.
* die Prokura und die Handlungsvollmacht als die Arten der kaufmännischen Stellvertretung beschreiben und ihre Wirkungen an Beispielen aufzeigen.

Schlüsselbegriffe: direkte Stellvertretung, Generalvollmacht, gewöhnliche Stellvertretung, Handelsreisender, Handlungsvollmacht, indirekte Stellvertretung, kaufmännische Stellvertretung, Prokura, Spezialvollmacht, Stellvertretung, Vollmacht

Die **Gesellschafter** oder die **geschäftsführenden Organe** eines Unternehmens (z. B. der Verwaltungsrat einer AG) sind laut Gesetz befugt, das Unternehmen nach aussen zu vertreten.

In vielen Unternehmen handeln noch **weitere Personen** als Unternehmensvertreter gegenüber Dritten. Sie sind im Rahmen eines Einzelarbeitsvertrags an die Weisungen ihres Arbeitgebers gebunden und brauchen eine **Bevollmächtigung,** um das Unternehmen nach aussen vertreten zu können. Diese Bevollmächtigung kann entweder gemäss den Regeln

* der **gewöhnlichen Stellvertretung** (nach OR 32 ff.) oder
* der **kaufmännischen Stellvertretung** (nach OR 458 ff. bzw. OR 348 ff.) erfolgen.

Dabei ist zu beachten, dass die kaufmännische Stellvertretung einen Sonderfall der gewöhnlichen Stellvertretung darstellt.

11.1 Die gewöhnliche Stellvertretung

Allgemein lässt sich die gewöhnliche Stellvertretung folgendermassen beschreiben: Ein Stellvertreter nimmt **Rechtshandlungen für eine andere Person** vor. An einem Stellvertretungsverhältnis sind i. d. R. drei Personen beteiligt:

* Die **vertretene Person** gibt der vertretenden Person eine **Vollmacht,** damit diese für sie eine bestimmte Rechtshandlung vornimmt. Die vertretene Person wird bei der direkten Stellvertretung mit dem Vertragsschluss berechtigt und verpflichtet. Wenn z. B. eine Bank bevollmächtigt ist, für den Kunden Aktien zu erwerben, wird aus dem Kauf der Kunde und nicht die Bank berechtigt.
* Die **vertretende Person** tritt stellvertretend im Namen und für Rechnung des Vertretenen gegenüber dem Dritten auf und schliesst ein **Rechtsgeschäft** ab.
* Eine **Drittperson** schliesst mit der vertretenden Person das Rechtsgeschäft ab.

[11-1]   Gewöhnliche Stellvertretung

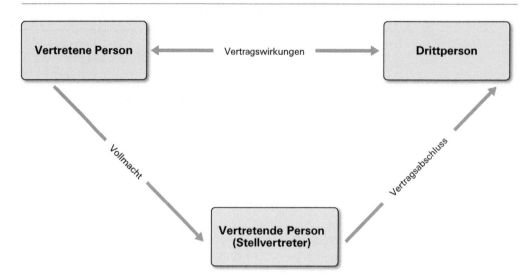

Innerhalb der gewöhnlichen Stellvertretung unterscheidet man zwischen der direkten und der indirekten Stellvertretung:

- Eine **direkte Stellvertretung** liegt vor, wenn der Stellvertreter **im Namen des Vertretenen** auftritt. Er handelt demnach «in fremdem Namen» und somit natürlich auch «auf fremde Rechnung». Als Folge davon entstehen die **Rechte und Pflichten** aus den Handlungen des Stellvertreters direkt **beim Vertretenen.**
- **Indirekte Stellvertretung** liegt hingegen vor, wenn der Stellvertreter **in eigenem Namen auftritt, aber auf fremde Rechnung handelt.** Bei der indirekten Stellvertretung wird durch den Abschluss eines Rechtsgeschäfts der Stellvertreter selber berechtigt und verpflichtet. Die Wirkungen gegenüber dem Vertretenen treten erst ein, wenn die erworbenen Rechte auf den Auftraggeber übertragen worden sind. Ein typisches Beispiel für die indirekte Stellvertretung ist die **Kommission,** die Sie bereits in Kapitel 9.6.3, S. 100 kennengelernt haben.

11.2   Voraussetzungen einer gültigen Stellvertretung

Meist liegt einer Stellvertretung ein **obligationenrechtlicher Vertrag** zugrunde, z. B. ein Arbeitsvertrag, Auftrag oder Gesellschaftsvertrag. Darin werden die gegenseitigen Beziehungen zwischen dem Vertretenen und dem Vertreter geregelt, darunter auch die Verpflichtung des Vertreters, für den Vertretenen tätig zu werden.

Für eine gültige Stellvertretung sind zwei Voraussetzungen notwendig: die Erteilung einer Vollmacht und die Offenlegung der Stellvertretung.

11.2.1   Die Erteilung einer Vollmacht

Eine Vollmacht ist notwendig, wenn der Vertretene aus den Rechtsgeschäften des Stellvertreters **direkt berechtigt oder verpflichtet** werden soll. Bei der Vollmacht handelt es sich um ein einseitiges Rechtsgeschäft, eine **einseitige Willenserklärung,** die der Vertretene seinem Stellvertreter erteilt. Sie ist grundsätzlich **an keine Form gebunden** und kann auch stillschweigend erteilt werden, auch kann sie **jederzeit beschränkt** oder **widerrufen** werden.

Handelt eine Person **ohne Vollmacht** im Namen einer anderen Person oder überschreitet sie die erteilte Vollmacht, so wird der Vertretene weder berechtigt noch verpflichtet. Es kommt in diesem Fall **kein Vertrag zustande.** Der Vertretene kann aber im Nachhinein die Handlungen des Vertreters genehmigen (OR 38 f.).

Beispiel

Achim Bruckner bestellt für seinen Kollegen Jörg Meister 100 Flaschen Weisswein, weil der Stückpreis bei 100 Flaschen wesentlich günstiger ist als bei den 50, die Jörg Meister eigentlich wollte. Nun kann Jörg Meister den Kauf der 100 Flaschen im Nachhinein genehmigen; nur in diesem Fall muss er den Kaufvertrag erfüllen.

11.2.2 Die Offenlegung der Stellvertretung

Der Vertreter muss für eine gültige Stellvertretung dem Vertragspartner gegenüber offen legen, dass er nicht für sich, sondern im Namen des Vertretenen handelt. Schliesslich möchte der Vertragspartner wissen, mit wem er es letztlich zu tun hat und wer ihm die vertragliche Gegenleistung schuldet. Diese Offenlegung kann **ausdrücklich oder stillschweigend** erfolgen (OR 32 II).

Fehlt eine Offenlegung, entsteht der Vertrag zwischen dem Stellvertreter und dem Dritten und nicht zwischen dem Vertretenen und dem Dritten.

11.3 Umfang der Vollmacht

Der Umfang der Ermächtigung kann unterschiedlich gross sein und sogar erlauben, dass Dritte (Substituten) zur Erledigung der Vertretungsgeschäfte beigezogen werden. Grundsätzlich lassen sich zwei Arten von Vollmachten unterscheiden, nämlich die Spezial- und die Generalvollmacht.

11.3.1 Spezialvollmacht

Eine Spezialvollmacht erstreckt sich nur auf ganz **bestimmte Geschäfte oder Tätigkeiten** oder auf eine bestimmte **Art von Geschäften.** Ihre rechtliche Beurteilung richtet sich nach den Regeln der gewöhnlichen Stellvertretung (OR 32 ff.). Zu den Spezialvollmachten zählen auch Unterschriftsberechtigungen von Mitarbeitenden oder die Bank- oder Postkonto-Vollmacht. Um eine solche spezielle Vollmacht kann es sich auch handeln, wenn z. B. eine Sachbearbeiterin befugt ist, Reklamationen zu erledigen.

[11-2]   Spezialvollmacht – Beispiel

Vollmacht
Der / die Unterzeichnete …
bestellt hiermit Herrn / Frau <… Name der bevollmächtigten Person …>
in der Angelegenheit <… Bezeichnung der Geschäfts …>
zur/-m Bevollmächtigten.
Die / der Bevollmächtigte ist in dieser Angelegenheit berechtigt, • Verträge abzuschliessen, • Vergleiche einzugehen, • gegenüber Behörden die erforderlichen Erklärungen abzugeben.
Der Vollmachtgeber anerkennt hiermit alle Rechtshandlungen der bevollmächtigten Person im Rahmen der obgenannten Befugnisse als für ihn rechtsverbindlich.
Ort, Datum Unterschrift Vollmachtgeber

11.3.2   Generalvollmacht

Generalvollmachten sind demgegenüber **umfassend**. Die vertretende Person ist zur Vertretung bei Rechtsgeschäften allgemein berechtigt. Allerdings kann der Umfang von Generalvollmachten durch **gesetzliche Bestimmungen,** wie dies bei den kaufmännischen Stellvertretungen der Fall ist, oder durch **Willenserklärung** des Vollmachtgebers geregelt werden.

11.4   Die kaufmännische Stellvertretung

Die Besonderheit der kaufmännischen Stellvertretungen besteht darin, dass ihr **Umfang im Gesetz umschrieben** ist. Dies soll grössere Rechtssicherheit gewährleisten. Zudem sind die Bevollmächtigten immer **natürliche Personen.**

Unter die kaufmännische Stellvertretung fallen die Prokura, die Handlungsvollmacht und die Vollmacht des Handelsreisenden (OR 348b).

[11-3] Kaufmännische Stellvertretung

Die Erteilung von Prokura und Handlungsvollmacht ist grundsätzlich **an keine Form gebunden** und **jederzeit widerrufbar.** Die kaufmännischen Stellvertretungen können im Verkehr **gegenüber Dritten beschränkt** werden, indem sie z. B. nur für eine Zweigniederlassung oder nur zusammen mit einem weiteren Zeichnungsberechtigten gelten. Häufig sind Stellvertretungen auch **geschäftsintern eingeschränkt;** diese internen Einschränkungen gelten gegenüber Dritten jedoch nicht.

Die folgende Tabelle gibt Ihnen einen Überblick über die Regelungen der Prokura und der Handlungsvollmacht:

[11-4] Regelungen der Prokura und Handlungsvollmacht

Prokura (OR 458 ff.)	Umfang	• Alle Rechtshandlungen, die der Zweck des Unternehmens mit sich bringen kann (d. h. keine dem Zweck des Unternehmens zuwiderlaufende). • Eine besondere Ermächtigung benötigt der Prokurist für den Verkauf von Grundstücken und deren Belastung, wie z. B. bei der Errichtung eines Grundpfands.

	Beschränkungen	• Umfang der Vertretungsbefugnisse kann eingeschränkt werden.
		• Das Gesetz lässt neben der umfassenden Einzelprokura zwei Arten von Beschränkungen zu:
		  • Kollektivprokura: Der Prokurist kann nur zusammen mit einem anderen Zeichnungsberechtigten rechtsgültig zeichnen.
		  • Filialprokura: Die Prokura ist auf den Geschäftskreis einer Zweigniederlassung beschränkt.

	Eintrag ins Handelsregister	• Der Eintrag ins Handelsregister sowie die Veröffentlichung im Handelsamtsblatt (SHAB) ist notwendig. • Beschränkungen entfalten ihre Wirkung gegenüber Dritten nur, wenn sie eingetragen sind. • Weitere unternehmensinterne Beschränkungen können nicht ins Handelsregister eingetragen werden.
	Zeichnung	Mit dem Zusatz «ppa» oder «pp» (per procura).
Handlungsvollmacht (OR 462 ff.)	Umfang	• Gilt nur für Alltagsgeschäfte, die der Betrieb des Unternehmens gewöhnlich mit sich bringt und die nicht dem Zweck des Unternehmens zuwiderlaufen. • Beschränkt sich im Wesentlichen auf die Vornahme regelmässig wiederkehrender Rechtshandlungen.
	Beschränkungen	Umfang der im Gesetz umschriebenen Vertretungsbefugnisse kann eingeschränkt oder erweitert werden.
	Eintrag ins Handelsregister	• Die Handlungsvollmacht wird nicht im Handelsregister eingetragen. • Die Handlungsvollmacht beginnt mit der Erteilung und endet mit dem Entzug.
	Zeichnung	Üblicherweise mit der Abkürzung «i. V.» (in Vollmacht, in Vertretung), Vorschriften für die Zeichnung gibt es jedoch nicht.

Ausserdem sind **Geschäftsführer und Direktoren** vertretungsberechtigt. Sie werden durch die Gesellschafter oder durch die Organe einer juristischen Person ernannt. Ihre Vertretungsbefugnisse sind teilweise im **Gesellschaftsrecht** umschrieben (z. B. OR 718 ff. bei der AG und OR 814 bei der GmbH).

[11-5] Vollmachten der Direktoren oder Geschäftsführer

Direktor oder Geschäftsführer	Umfang	• Geschäftsführung und Vertretung nach aussen, ganz oder teilweise. • Direktoren oder Geschäftsführer geniessen eine praktisch unbegrenzte Vollmacht für alle Rechtshandlungen, die der Zweck des Unternehmens mit sich bringt. • Direktoren dürfen damit auch Geschäfte tätigen, die dem Prokuristen oder Handlungsbevollmächtigten ohne ausdrückliche Erlaubnis untersagt sind.
	Beschränkungen	Beschränkungen wie Kollektivunterschriften oder Beschränkungen auf Geschäftseinheiten (Filialvollmachten) sind möglich.
	Eintrag ins Handelsregister	Die Vollmacht der Direktoren muss ins Handelsregister eingetragen werden.
	Zeichnung	Direktoren zeichnen für das Unternehmen mit Firma und Unterschrift.

Andere kaufmännische Angestellte oder übrige Mitarbeitende sind i. d. R. **nicht vertretungsbefugt**. Möglich ist es aber, ihnen über eine **Spezialvollmacht** nach OR 32 ff. die Berechtigung zu erteilen, das Unternehmen für bestimmte Geschäfte oder Rechtshandlungen zu vertreten.

Beispiel

Die Verkäuferin eines Kleidergeschäfts wird durch eine Spezialvollmacht berechtigt, Umtauschgeschäfte zu erledigen oder Gutschriften auszustellen.

Der **Stellvertreter** nimmt gegenüber einer **Drittperson** Rechtshandlungen für die vertretene Person wahr. Er handelt **im Namen und auf Rechnung des Vertretenen**. Durch den Abschluss eines Rechtsgeschäfts wird der Vertretene direkt verpflichtet und berechtigt, sofern die **Vollmacht** erteilt und die Stellvertretung **offengelegt** wurde.

Der Umfang einer Vollmacht kann unterschiedlich gross sein. Wir unterscheiden

• die auf bestimmte Geschäfte oder Tätigkeiten beschränkte **Spezialvollmacht** und
• die umfassende **Generalvollmacht.**

Die **kaufmännischen Stellvertretungen** sind gesetzlich umschriebene Generalvollmachten. Darunter fallen:

• Prokura (OR 458 ff.)
• Handlungsvollmacht (OR 462)
• Handelsreisende (OR 348 ff.)

Ein **Unternehmen** wird entweder durch die Gesellschafter, durch die Organe, durch die als kaufmännische Stellvertretung bezeichneten Bevollmächtigten oder durch weitere bei ihr angestellte Mitarbeitende vertreten.

Die **Vertretungsbefugnisse** für ein Unternehmen im Überblick:

Funktion	Vertretungsbefugnisse	Zeichnungs-berechtigung
Gesellschafter, VR, Delegierte des VR z.B. nach OR 718a, 811	Umfassende Vertretungskompetenz Eintrag ins HR	Ja, Name ohne Zusatz
Direktoren, Geschäftsführer, z.B. nach OR 718, 812, 899	Umfassende Vertretungskompetenz Einschränkungen gemäss Gesetz oder durch interne Regelungen möglich. Eintrag ins HR	Ja, Name ohne Zusatz
Prokuristen nach OR 458 ff.	Vertretungskompetenz gemäss Gesetz oder durch interne Regelungen beschränkt. Eintrag ins HR	Ja, Name mit Zusatz pp. / ppa.
Handlungsbevollmächtigte nach OR 462	Vertretungskompetenz gemäss Gesetz oder durch interne Regelungen beschränkt	Ja, Name mit Zusatz i.V.
Übriges Kaufmännisches Personal nach OR 319 ff.	Keine oder gemäss Spezialvollmacht	Nein, wenn Spezialvollmacht: Name mit Zusatz i.A.

Repetitionsfragen

40

Martha Maler kauft in einem Haushaltgeschäft ein neues Bügeleisen für ihre Nachbarin, die gehbehindert ist und deshalb selber nicht einkaufen kann. Martha Maler gibt sich gegenüber der Verkäuferin nicht als Stellvertreterin zu erkennen und der Garantieschein wird deshalb auch auf ihren Namen ausgestellt. – Mit wem hat das Haushaltgeschäft den Vertrag abgeschlossen?

41

Der Prokurist eines Unternehmens ist im Handelsregister eingetragen und unterzeichnet mit Einzelunterschrift eine Schuldanerkennung über CHF 100 000.– gegenüber einem Kunden. Nach interner Regelung ist er nur befugt, solche Unterschriften bis zu einer Höhe von CHF 50 000.– mit Einzelunterschrift zu leisten. – Ist das Unternehmen an die Schuldanerkennung gebunden?

42

Sie sind Verkaufsleiterin bei einem Handelsunternehmen und erhalten einen Brief der X-AG mit folgendem Inhalt: «Bitte nehmen Sie zur Kenntnis, dass die Handlungsvollmacht (i.V.) von Herrn Klaus Schönhuber erloschen ist und dass Frau Gerda Keller die Prokura erhalten hat.» Eine Woche später erhalten Sie eine Bestellung, die von Gerda Keller unterschrieben ist.

A] Ist die Prokura von Gerda Keller gültig, auch wenn ihre Prokura nicht im Handelsregister eingetragen wird?

B] Inzwischen ist die Prokura von Gerda Keller im HR eingetragen und Sie schliessen mit ihr nach rund zwei Jahren erneut einen Vertrag ab. Doch die X-AG weigert sich, den Vertrag anzuerkennen, denn inzwischen sei Frau Keller die Prokura entzogen worden. Davon wussten Sie aber nichts und im HR ist der Eintrag nicht gelöscht worden. – Ist der Vertrag gültig?

Teil E Anhang

Antworten zu den Repetitionsfragen

1 Seite 18

Johanna ist sicher die Besitzerin des Motorrads, da sie die tatsächliche und körperliche Herrschaft über das Motorrad ausübt (ZGB 919). Damit ist aber noch nicht gesagt, dass Johanna auch Eigentümerin des Motorrads ist. Es könnte ja ausgeliehen, gemietet oder geleast sein. In diesem Fall ist Johanna Entleiherin, Mieterin oder Leasingnehmerin. Eigentümerin ist die Verleiherin, Vermieterin oder Leasinggeberin. Sie hat im Rahmen der vertraglichen Vereinbarung das Motorrad an Johanna übergeben und kann dieses nach Ablauf des Vertrags wieder zurückverlangen. Hat Johanna das Motorrad jedoch aufgrund eines gültigen Rechtsgeschäfts wie Kaufvertrag oder Schenkung erworben, ist sie nicht bloss Besitzerin, sondern auch Eigentümerin (ZGB 641).

2 Seite 18

A] Nein, im vorliegenden Fall ist kein Kaufvertrag entstanden. **Im vorliegenden Fall fehlt es an der Einigung der Vertragsparteien in den Hauptpunkten.** Tim Suter hat Kopierpapier zum Preis von CHF –.02 pro Blatt bestellt. Der Lieferant will aber CHF –.025 pro Blatt, also 25% mehr. Tim Suter und der Lieferant haben sich betreffend eines Hauptpunkts des Vertrags (Kaufpreis) nicht geeinigt.

B] Nein, im vorliegenden Fall ist kein Kaufvertrag entstanden. **Im vorliegenden Fall fehlt es an der Handlungsfähigkeit von Cornelia.** Um vertragsfähig zu sein, müsste Cornelia gemäss ZGB 13 mündig und urteilsfähig sein. Urteilsfähige Unmündige wie Cornelia können einen Kaufvertrag nur mit Zustimmung der Eltern abschliessen, ausser sie bezahlen den Kaufpreis aus dem Taschengeld oder dem eigenen Erwerbseinkommen (ZGB 19, 323).

3 Seite 18

A] Allgemeine Geschäftsbestimmungen werden nur Vertragsbestandteil, wenn sie vor Vertragsabschluss eingesehen werden konnten.

B] Die Transportkosten muss nach OR 189 der Käufer übernehmen, wenn nichts anderes vereinbart ist. Die Verpackungskosten gehen zulasten des Verkäufers.

C] Da die Regelungen der Nebenkosten im Kaufvertrag dispositiver Natur sind, können die Parteien eine andere Regelung vereinbaren.

4 Seite 19

A] **Ja,** diese Aussage stimmt. Mangels Vereinbarungen haben Käufer und Verkäufer ihre Leistungen am gleichen Ort zu erfüllen, und zwar am Wohnsitz des Verkäufers (OR 74 II).

B] **Ja,** diese Aussage stimmt. Der Käufer eines Fahrnisgegenstands wird im Moment der Übergabe Eigentümer (ZGB 714).

C] **Ja,** die Aussage ist richtig. Jeder Besitzer darf sich ungerechtfertigter Angriffe auf seinen Besitz mit Gewalt erwehren. Gewalt darf der Besitzer aber nur in dem Mass anwenden, als sie nach den Umständen gerechtfertigt ist (ZGB 926 I und III).

D] **Nein,** die Aussage ist falsch. Bei einer bloss der Gattung nach bestimmten Kaufsache gehen Nutzen und Gefahr wie folgt über:

- Beim Platzkauf (Käufer holt Kaufsache ab) gehen Nutzen und Gefahr auf den Käufer über, sobald die Kaufsache ausgeschieden ist.
- Beim Versendungskauf (Distanzkauf) gehen Nutzen und Gefahr auf den Käufer über, sobald die Kaufsache zur Versendung abgegeben ist (OR 185 II).

E] **Nein,** die Aussage ist falsch. Ein Eigentumsvorbehalt kann nur über bewegliche Sachen vereinbart werden. Zudem muss er nicht ins Grundbuch, sondern ins Eigentumsvorbehaltsregister am Wohnort des Käufers eingetragen werden (ZGB 715 I).

5   Seite 31

A] Wenn bei einem neuen Drucker die Anzeige nicht funktioniert, liegt **Schlechterfüllung** vor. Der Verkäufer haftet aufgrund der Regeln über die **Sachgewährleistung** für körperliche Mängel der Kaufsache (OR 197).

B] Jasmin Krüger muss zweimal schnell sein: beim **Prüfen** und beim **Rügen.** Sie hätte den Drucker sofort nach Übernahme, d. h. im Verkaufslokal, **auf offene Mängel hin kontrollieren** (prüfen) müssen und, falls sich **Mängel** ergeben, diese dem **Verkäufer sofort anzeigen** (rügen) müssen. Da Jasmin Krüger den Drucker erst zu Hause auf Mangelfreiheit hin kontrolliert hat, erfüllt sie streng genommen die sofortige Prüfungspflicht nicht. Im heutigen Geschäftsleben ist es jedoch üblich, dass die Sache erst zu Hause «auf Herz und Nieren» geprüft wird. Deshalb wird der Verkäufer aus Jasmin Krügers Vorgehen keine Vorteile zu seinen Gunsten ableiten können, wenn sie den zu Hause festgestellten Mangel sofort dem Verkäufer mitteilte (OR 201 I).

C] Jasmin Krüger hat nach **OR 205 f.** folgende drei Ansprüche: Sie kann vom Kaufvertrag zurücktreten, den Drucker zurückgeben und den Kaufpreis zurückfordern **(Wandelung),** eine Preisreduktion im Verhältnis des Minderwerts der mangelhaften Kaufsache fordern **(Minderung)** oder eine andere mangelfreie Kaufsache verlangen **(Ersatzlieferung).**

6   Seite 31

A] Hier geht es um **Lieferverzug** (OR 190 f.).

B] Weil Aldo Magno die Druckerpatronen für den Wiederverkauf kauft, liegt **kaufmännischer Verkehr** vor.

C] Aldo Magno kann sich gemäss OR 191 II sofort anderswo mit Druckerpatronen eindecken, um so seinen vertraglichen Verpflichtungen gegenüber eigenen Kunden nachkommen zu können **(Deckungskauf).** Er kann also auf die Lieferung verzichten und Schadenersatz wegen Nichterfüllung beanspruchen (OR 190 I).

D] Bei einer Bestellung für den Eigenbedarf liegt **nicht kaufmännischer Verkehr** vor. Aldo Magno kann nach den allgemeinen Regeln über den Schuldnerverzug vorgehen: **Nachfrist** setzen, **Wahlrechte** ausüben, **Schadenersatz** geltend machen (OR 107 ff.).

7   Seite 31

A] Es liegt eine **Schlechterfüllung** des Vertrags vor. Der Spezialbegriff, den das OR bei Kaufverträgen verwendet, ist **Sachgewährleistung.**

B] Die Sachgewährleistung ist in **OR 197 ff.** geregelt.

C] **Ja,** Robert Hug ist im Recht. Präsentationsmappen müssen ein bestimmtes Mass an Robustheit aufweisen, denn nur so sind sie brauchbar. Der Verkäufer haftet gemäss OR 197 I für körperliche Mängel, die die Tauglichkeit der Mappen zum vorausgesetzten Gebrauch herabsetzen.

D] Robert Hug verlangt vom Verkäufer, dass er die Präsentationsmappen zurücknehme. Folglich hat er sich für den **Vertragsrücktritt (Wandelung)** entschieden (OR 205 I).

8   Seite 32

A] Aufgrund von OR 201 hat der Käufer die Pflicht zur sofortigen Prüfung der Kaufsache und zu einer Mängelrüge, sofern er Mängel festgestellt hat. Der Käufer behält damit das gesetzliche Wahlrecht (Wandelung, Minderung oder Ersatz).

B] Die gesetzlichen Möglichkeiten sind wegbedungen und durch die vertragliche Garantieleistung ersetzt (OR 199).

C] Die Regeln des OR zum Lieferverzug kommen zur Anwendung.

---

9 Seite 43

Verschiedene Gesetze engen die Vertragsfreiheit mit zwingenden Bestimmungen ein, vor allem: die zwingenden Bestimmungen des öffentlichen Arbeitsrechts (z. B. ArG) sowie die relativ und absolut zwingenden Bestimmungen des OR. Daneben kann die Vertragsfreiheit auch durch GAV-Bestimmungen eingeschränkt sein.

---

10 Seite 43

- Zwingende Gesetzesbestimmungen dürfen von den Geschäftspartnern nicht abgeändert werden.
- Dispositive Gesetzesbestimmungen dürfen die Geschäftspartner abändern. Dispositives Recht gilt nur, wenn die Geschäftspartner nicht etwas anderes vereinbart haben.

---

11 Seite 43

OR 321c III	Kein oder weniger Lohn bei Überstundenarbeit
OR 340 I	Vereinbarung eines Konkurrenzverbots
OR 344a I	Abschluss eines Lehrvertrags

---

12 Seite 43

Damit ein Arbeitsvertrag entsteht, müssen sich die Vertragspartner über die Hauptpflichten **einigen,** also über die Arbeitsleistung und den Lohn (OR 319). Zwar haben sich die Vertragspartner hier nicht über den Lohn geeinigt, nach OR 320 II ist das aber auch nicht nötig. Y hat einfach den üblichen Lohn zugut (OR 322).

Ausserdem müssen erfüllt sein: **Handlungsfähigkeit, Form, zulässiger Inhalt.** Es gibt keine Anhaltspunkte, dass eine dieser Voraussetzungen nicht erfüllt ist. Der Arbeitsvertrag kann ja abgesehen vom Lehrvertrag, vom Handelsreisendenvertrag und von einzelnen Vertragspunkten formfrei abgeschlossen werden.

---

13 Seite 51

Bei dieser Frage geht es um den Inhalt der Arbeitspflicht, der sich durch die Vereinbarungen im EAV und durch ein allfälliges Pflichtenheft bestimmt, sofern es Vertragsbestandteil ist. Lässt sich hier keine Antwort finden, dann bestimmt sich der Inhalt der Arbeitsleistung nach dem im betreffenden Beruf üblichen. Abzuklären ist folglich, ob Floristen **üblicherweise verpflichtet sind,** das Ladenlokal zu reinigen.

---

14 Seite 51

Alle erwähnten Regelungen der Überstundenvergütung sind **zulässig,** sofern folgende **Voraussetzungen** erfüllt sind:

- Variante von A: Blosser Stundenlohn ist zulässig, wenn es im EAV schriftlich vereinbart bzw. in einem geltenden GAV vorgesehen ist.
- Variante von B: Sie entspricht der gesetzlichen Regelung von OR 321c III.
- Variante von C: Kompensation mit Freizeit gleich langer Dauer ist zulässig, sofern das so vereinbart ist. Mündlichkeit genügt (OR 321c II).
- Variante von D: Die Überstundenvergütung (Lohn plus Zuschlag) kann ganz wegbedungen werden, sofern das schriftlich geschieht oder in einem GAV vorgesehen ist (OR 321c III).

Zu beachten ist aber in den Fällen von A, C und D die Regelung des ArG (sofern die betreffenden Arbeitsverhältnisse unterstellt sind): Für Überzeitarbeit, d. h. über die Höchstarbeitszeit hinausgehende Arbeit, ist zwingend der Stundenlohn mit einer Entschädigung von 25% geschuldet, wobei auch die Ausnahmen von ArG 13 I zu beachten sind.

15 Seite 52

A] **Grundsätzlich** sind Nebenbeschäftigungen **erlaubt** und nur dann verboten, wenn sie treuewidrig sind. Man muss also prüfen, ob Gaby Zehnders Annahme der Nebenbeschäftigung **treuewidrig** ist. Das wäre der Fall, wenn die Nebenbeschäftigung

- im EAV verboten ist,
- als Schwarzarbeit im Sinne von OR 321a III zu qualifizieren ist (konkurrenzierende Tätigkeit gegen Entgelt),
- zusammen mit der Hauptbeschäftigung die Höchstarbeitszeit überschreitet (sofern das ArG überhaupt gilt) oder
- sonst berechtigte Interessen des Arbeitgebers verletzt (z. B. Verminderung der Leistungsfähigkeit des Arbeitnehmers).

B] Das Scheitern der Reparatur ist noch nicht zwingend eine Vertragsverletzung. Allerdings muss der Arbeitnehmer die übertragenen Arbeiten sorgfältig ausführen (OR 321e), es sei denn, der Arbeitgeber hätte gewusst (oder wissen müssen), dass er dazu nicht in der Lage ist. – Nach diesem Prinzip ist zu beurteilen, ob die Chefin Mischa von Arx haftbar machen kann oder nicht. Ist die misslungene Reparatur auf eine **unsachgemässe oder schludrige Arbeitsweise** zurückzuführen, dann ist **Mischa von Arx** dafür verantwortlich, ausser, die Chefin hätte gewusst (oder wissen müssen), dass er zu einer sachgemässen Reparatur **nicht in der Lage ist.**

16 Seite 52

A] Ja, Heinz Blumer hat seine Sorgfaltspflicht verletzt. Denn von jedem Bankschalterbeamten wird verlangt, dass er bei der Einlösung von Schecks die üblichen, im Reglement verlangten Vorsichtsmassnahmen einhält.

B] Die Nichtbeachtung der notwendigen Sorgfalt bedeutet eine Schlechterfüllung des Arbeitsvertrags: Heinz Blumer hat zwar Arbeit geleistet, diese Arbeitsleistung war aber mangelhaft.

C] Nein, bei Schlechterfüllung darf der Arbeitgeber den Lohn nicht kürzen. Dieses Recht steht ihm nur bei Nichterfüllung des Arbeitsvertrags zu. Allerdings hat der Arbeitgeber unter Umständen einen Schadenersatzanspruch, den er unter Umständen mit dem Lohn verrechnen kann. Unter diesem Titel ist ein «Lohnabzug» also möglich, sofern die Voraussetzungen der Verrechnung erfüllt sind.

D] Er kann das Arbeitsverhältnis kündigen – allerdings nur ordentlich; für eine fristlose Kündigung reicht diese Pflichtverletzung keinesfalls aus. Dazu müsste Heinz Blumer schon mehrmals und auf gröbste Weise die Grundsätze einer ordentlichen Scheckeinlösung verletzen. Schliesslich kann der Arbeitgeber Schadenersatz verlangen.

17 Seite 64

A] Grundsätzlich gilt: Ohne Arbeit kein Lohn. Dazu gibt es aber zwei Ausnahmen:

- Hat Hanspeter Latour nicht gearbeitet, weil der Arbeitgeber ihm keine Arbeit bzw. keinen Arbeitsplatz zuweisen konnte oder wollte, dann liegt ein Annahmeverzug des Arbeitgebers vor. Hanspeter Latour hat den Lohn zugut (OR 324).
- Hat Hanspeter Latour nicht gearbeitet, weil er unverschuldeterweise verhindert im Sinne von OR 324a war (Krankheit, Unfall usw.), dann hat er den Lohn zugut. Vorausgesetzt ist allerdings, dass ein befristetes Arbeitsverhältnis für mehr als drei Monate eingegangen wurde bzw. dass ein unbefristetes Arbeitsverhältnis bereits mehr als drei Monate gedauert hat.

B] Beim Annahmeverzug des Arbeitgebers dauert die Lohnfortzahlung so lange, wie der Arbeitgeber keine Arbeit zuweist. Bei der unverschuldeten Verhinderung des Arbeitnehmers ist die Lohnfortzahlung zeitlich beschränkt: im ersten Dienstjahr auf drei Wochen, danach entsprechend länger (OR 324a II).

18 Seite 64

A] Der Zeitpunkt der Ferien darf vom Arbeitgeber bestimmt werden (OR 329c II), wobei er auf die Wünsche des Arbeitnehmers so weit wie möglich eingehen soll. In der Regel sind (gerechtfertigte) betriebliche Gründe des Arbeitgebers höher zu gewichten als die individuellen Ferienwünsche des Arbeitnehmers. Daher ist die Anordnung von Betriebsferien **zulässig.**

B] Nicole Ritz handelt **auf eigenes Risiko,** wenn sie Ferien bucht, ohne die Zusicherung des Arbeitgebers zu besitzen. Daher kann sie nicht verlangen, dass sie die Ferien im März anstatt im August beziehen kann. Anders wäre die Rechtslage allenfalls zu beurteilen, wenn sie noch ein Ferienguthaben aus dem Vorjahr hat, das zusammen mit der verbleibenden Ferienwoche für dieses Jahr die drei Wochen abdeckt. Sofern keine übergeordneten betrieblichen Gründe gegen weitere Ferien im März sprechen, könnte sie die Ferien so verlangen.

19 Seite 64

A] **Schlechterfüllung;** der Arbeitnehmer kann vom Arbeitgeber die Ausstellung eines «richtigen» Zwischenzeugnisses verlangen (notfalls unter Anrufung des Richters).

B] Da der Zeitpunkt der Lohnzahlung gesetzlich oder vertraglich festgelegt ist (spätestens Ende des Monats), ist die Lohnforderung spätestens am Monatsende fällig und der Arbeitnehmer kann das **Inkasso** vornehmen, d. h. den Arbeitgeber betreiben. Spätestens am Monatsende gerät der Arbeitgeber aber auch automatisch in Verzug (Verfalltagsgeschäft), sodass der Arbeitnehmer auch **Verzugszins sowie allenfalls Schadenersatz** für die Verspätung fordern kann. – Damit sind aber die Probleme des betreffenden Arbeitnehmers nicht vollständig gelöst. Es handelt sich ja um eine wiederkehrende Leistung. Der Arbeitnehmer kann deshalb den Arbeitgeber **(notfalls gerichtlich) auffordern,** in Zukunft rechtzeitig zu erfüllen.

C] Streng juristisch gesehen, muss der Arbeitnehmer nur Arbeiten verrichten, die innerhalb des vereinbarten bzw. üblichen Tätigkeitsfelds liegen. Daher **verletzt der Arbeitnehmer den Vertrag nicht,** wenn er sich weigert, Arbeiten zu übernehmen, die nicht zum Inhalt der Arbeitsleistung gehören. Die **allgemeine Treuepflicht** kann dem Arbeitnehmer unter Umständen gebieten, auch Tätigkeiten ausserhalb seines Pflichtenhefts auszuüben; dann nämlich, wenn sich der Arbeitgeber in einer **Notlage** befindet (z. B. eine unvorhergesehene und einmalige Überlastung mit einem grossen Auftrag).

D] Der Arbeitgeber kommt dadurch in den **Annahmeverzug** (auch Gläubigerverzug). Juristisch gesehen ist das ein Unterlassen der notwendigen Mitwirkungshandlung zur Vertragserfüllung des Schuldners. Der Arbeitnehmer, der seine Arbeit vertragsgemäss anbietet, kann deshalb die Gegenleistung, d. h. den Lohn, verlangen, obwohl er nicht arbeitet.

20 Seite 64

A] Erlaubt sind prinzipiell nur Fragen, die mit der künftigen Tätigkeit zusammenhängen und die für einen Entscheid über die Eignung für eine Stelle bzw. Tätigkeit notwendig sind. Dies ist bei dieser Frage nicht der Fall; die Frage ist folglich **nicht zulässig.**

B] Diese Frage ist **erlaubt,** da sie für die künftige Tätigkeit relevant ist und sich auf die bisherigen Kenntnisse bzw. die Bereitschaft für künftige Ausbildungen bezieht.

C] Die allgemeine Frage nach Vorstrafen geht bei einer Stellenbewerbung grundsätzlich zu weit; allerdings kann bei einer Vertrauensstellung, wie dies bei einem Kassierer der Fall ist, z. B. eine konkrete Fragestellung nach **Vorstrafen wegen Unterschlagung** gerechtfertigt sein.

21 Seite 65

Daten dürfen nur zu dem Zweck bearbeitet werden, der bei der Beschaffung bekannt gegeben wurde, der gesetzlich vorgesehen ist oder der aus den Umständen ersichtlich ist.

Eine Weitergabe der Daten an den Turnverein wäre nur zulässig, wenn ein Rechtfertigungsgrund vorliegt, d. h., wenn der Geschäftsführer in diesem Fall vorgängig die Einwilligung der Mitarbeitenden eingeholt hat.

22 Seite 65

A] Die Klägerin kann die Diskriminierung feststellen lassen und eine Entschädigung wegen diskriminierender Kündigung verlangen.

B] Der Arbeitgeber könnte damit argumentieren, dass die Leistungen der Chemikerin während der Schwangerschaft massiv abgenommen hätten und die Absenzen unverhältnismässig lange gewesen seien.

23 Seite 76

A] Andreas Herzog müsste gegenüber der Arbeitgeberin seine **Ansprüche** gemäss OR 337c geltend machen (Entschädigung und Ersatz dessen, was er verdient hätte, wenn das Arbeitsverhältnis ordentlich gekündigt oder beendigt worden wäre, sowie eine Entschädigung von max. sechs Monatslöhnen). Kommt es zu keiner Einigung, muss er **Klage einreichen,** und zwar beim Gericht am Wohnsitz der Arbeitgeberin oder am Ort, an dem er seine Arbeit verrichtete (OR 343, GestG 24).

B] Da Andreas Herzog offensichtlich zwei zentrale Arbeitnehmerpflichten verletzte (Schwarzarbeitverbot und Geheimhaltungspflicht), sind seine Erfolgsaussichten gering. Die Arbeitgeberin kann aus **wichtigem Grund** das Arbeitsverhältnis jederzeit fristlos auflösen. «Als wichtiger Grund gilt namentlich jeder Umstand, bei dessen Vorhandensein dem Kündigenden nach Treu und Glauben die Fortsetzung des Arbeitsverhältnisses nicht mehr zugemutet werden kann» (OR 337 II). Die Pflichtverletzungen von Andreas Herzog stellen zweifellos einen «wichtigen Grund» im Sinne von OR 337 dar und das Gericht wird die fristlose Kündigung als gerechtfertigt beurteilen.

24 Seite 76

A] Ungenügende Leistungen genügen alleine noch nicht für eine fristlose Kündigung; hierfür ist die ordentliche Kündigung durch den Arbeitgeber vorgesehen. Die fristlose Kündigung war also **ungerechtfertigt.**

B] Am besten protestiert Rolf Dobler mit eingeschriebenem Brief gegen die Kündigung, damit klar und beweisbar wird, dass er mit der Auflösung des Arbeitsverhältnisses nicht einverstanden ist. Will ihn der Arbeitgeber endgültig nicht mehr weiterbeschäftigen, dann kann er **gerichtliche Klage** wegen ungerechtfertigter fristloser Kündigung einreichen und den **Lohn bis zum Ablauf der ordentlichen Kündigungsfrist plus eine Entschädigung bis zu sechs Monatslöhnen** einklagen.

C] **Nein,** Rolf Dobler kann die Weiterbeschäftigung auch gerichtlich nicht erzwingen; das Arbeitsverhältnis ist nämlich endgültig aufgelöst.

25 Seite 76

A] Zweites Dienstjahr mit einer gesetzlichen Kündigungsfrist von zwei (Kalender)monaten – Beendigung des Arbeitsverhältnisses am **31. Januar 2006.**

B] Gesetzliche Regelung: Kündigungsfrist von sieben Tagen, gerechnet vom Tag nach der Mitteilung an; kein Kündigungstermin. Das Arbeitsverhältnis endet also am **19.2.2005.**

26 Seite 76	Nach OR 336c I lit. c darf der Arbeitgeber während der ganzen Schwangerschaft und während 16 Wochen nach der Geburt nicht kündigen. Erst danach ist eine Kündigung zulässig.

27 Seite 81

A] Beim Arbeitsvertrag wird i. d. R. ein Zeitlohn vereinbart, beim Handelsreisendenvertrag kann daneben oder ausschliesslich eine Provision ausbezahlt werden (OR 349a). Wenn nicht klar ist, welche Vertragsart vorliegt, dann muss diese Frage aufgrund des konkreten Falls entschieden werden. Hier sprechen die Vereinbarung einer **Provision** und die beschriebene Tätigkeit, nämlich die **Vermittlung von Geschäften,** für den Handelsreisendenvertrag. Nicht bekannt ist, wo der Mitarbeiter seine Arbeit verrichten soll: in den Geschäftsräumen oder ausserhalb der Geschäftsräume.

B] Für den Abschluss von Geschäften ist der Handelsreisende nach OR 348b nur befugt, wenn er über eine **spezielle Vollmacht** verfügt.

28 Seite 81

Ein Lehrvertrag muss nach OR 344a schriftlich abgeschlossen werden (qualifizierte Schriftlichkeit). Der Lehrvertrag muss ausserdem Art und Dauer der beruflichen Ausbildung, den Lohn, die Probezeit, die Arbeitszeit und die Ferien regeln. Neben dem (unmündigen) Lehrling und dem Arbeitgeber muss auch der Inhaber der elterlichen Sorge mit unterzeichnen. Unter Umständen muss der Vertrag noch durch die kantonale Behörde genehmigt werden.

29 Seite 81

Sandra Gerber als Vertreterin der Einsatzfirma kann Ursula Lindner nicht kündigen, da kein Arbeitsvertrag mit der Temporärmitarbeiterin besteht. Sie kann aber bei der Temporärfirma einen Ersatz für die offensichtlich ungenügend qualifizierte Ursula Lindner verlangen.

30 Seite 91

A] Werkvertrag: Das Velo wird speziell für Florian Keller angefertigt.

B] Kaufvertrag: Das Velo behält den Charakter eines Serienprodukts, auch wenn Patrizia Hinz eine besondere Ausstattung wünscht.

31 Seite 91

A] Ja; ein Dach muss dicht sein, andernfalls fehlt ihm eine zweckbestimmte Eigenschaft.

B] Nein. Auch bei sorgfältiger Prüfung konnte Flavio Tomma diesen Mangel erst beim ersten Regen erkennen; es liegt also ein versteckter Mangel vor. Die Fünfjahresfrist für versteckte Mängel an Bauwerken ist noch nicht abgelaufen.

C] Flavio Tomma muss den Mangel sofort nach dem Gewitter rügen. Er kann dann die Reparatur des Dachs verlangen oder einen Abzug am Werklohn vornehmen. Ein Rücktritt vom Werkvertrag ist nicht möglich, denn es liegt kein gravierender Mangel vor. Zudem wäre der Aufwand für die Entfernung des neuen Dachs unverhältnismässig gross (OR 368 III).

D] Ja, sofern den Dachdecker ein Verschulden trifft. Wahrscheinlich kann man ihm fehlende Sorgfalt bei seiner Arbeit vorwerfen.

32 Seite 102

A] **Auftrag.** Der Detektiv muss sich nach Kräften bemühen, einen allfälligen Betrug aufzudecken, kann dieses Ergebnis aber nicht garantieren.

B] **Werkvertrag.** Die Coiffeuse schuldet Ihnen einen klar formulierten Arbeitserfolg.

C] **Werkvertrag.** Der Gärtner schuldet Theres Inglin einen klar formulierten Arbeitserfolg.

D] **Werkvertrag.** Die Spenglerei schuldet dem Kirchenrat einen klar formulierten Arbeitserfolg, die sanierte Kuppel.

E] **Auftrag und Arbeitsvertrag.** Barbara Bill muss sich nach Kräften bemühen, ihre Dienstleistungen sorgfältig zu erbringen. Mit der Teilzeitmitarbeiterin schliesst sie einen Arbeitsvertrag ab.

33 Seite 102

Bettina Langmeier schuldet dem Anwalt das Honorar trotzdem. Als Beauftragter muss der Anwalt den Prozessgewinn anstreben, jedoch nicht garantieren.

34 Seite 102

A] OR 418a–v gibt keine Antwort auf diese Frage. Der Agenturvertrag ist ein besonderer Auftrag; entsprechend ist das Auftragsrecht ergänzend anwendbar. Ein Beauftragter muss seine Dienstleistung in dem Umfang erbringen, wie es der Vertrag vorsieht. Ist seine Arbeitsleistung geringer als vereinbart, liegt **Nichterfüllung** vor. Lässt der Vertrag hingegen offen, wie viel der Agent arbeitet, liegt **keine Vertragsverletzung** vor.

B] Als Arbeitnehmer wäre Hugo Wohlwend in vereinbartem Umfang zur Arbeitsleistung verpflichtet. Wenn er seine Kunden nicht besucht, liegt somit **Nichterfüllung** des Arbeitsvertrags vor.

C] Nach OR 418g entsteht der Provisionsanspruch des Agenten mit Abschluss des Geschäfts. Wenn die Ausführung des Geschäfts ohne Verschulden des Auftraggebers ausbleibt, fällt der Provisionsanspruch nachträglich wieder dahin. Hugo Wohlwend hat folglich **keinen Anspruch auf Provision** für die «faulen» Bestellungen. Wurde sie ihm bereits bezahlt, muss er sie wieder zurückbezahlen.

35 Seite 123

Das Einzelunternehmen ist im OR nicht wie die übrigen Unternehmensformen unter einem eigenen Titel geregelt. Die wenigen Regeln, die das Einzelunternehmen betreffen, finden sich unter verschiedenen Titeln wie das Handelsregister (OR 934), die Geschäftsfirmen (OR 945 f.), die kaufmännische Buchführung (OR 956) sowie in der Handelsregisterverordnung (HRegV 10, 52 ff.).

36 Seite 123

A] Für die Gründung einer Kollektivgesellschaft genügt ein formfreier Vertrag unter den Gesellschaftern. Doch ist ein schriftlicher Gesellschaftsvertrag im Interesse aller Beteiligten empfehlenswert. Werden von den Gesellschaftern Grundstücke in die Gesellschaft eingebracht, muss der Gesellschaftsvertrag öffentlich beurkundet werden. Der Handelsregistereintrag ist gesetzlich vorgeschrieben, die wirtschaftlich tätige Kollektivgesellschaft entsteht aber auch ohne den HR-Eintrag (OR 552 f.).

B] Für die Gründung einer AG sind folgende Schritte erforderlich:
1. Statuten aufstellen (OR 626 ff.)
2. Aktien zeichnen und im statutarisch vorgesehenen Umfang liberieren (OR 632, 634a, 683)
3. öffentliche Gründungsurkunde durch Notar (OR 629)
4. Handelsregistereintrag (OR 643)

C] Für die Gründung einer GmbH sind folgende Schritte erforderlich:

1. Statuten aufstellen (OR 776 ff.)
2. Stammanteile zeichnen und liberieren (OR 774)
3. Öffentliche Gründungsurkunde durch Notar (OR 777)
4. Handelsregistereintrag (OR 778 ff.)

---

37 Seite 123

A] **Nein,** bei der Schulklasse handelt es sich nicht um eine Gesellschaft, denn es fehlt am vertraglichen Zusammenschluss. Die Schüler schliessen sich nicht zusammen, um gemeinsam die Prüfung zu bestehen. Jeder von ihnen hat zwar dieses Ziel, aber jeder für sich; ein Rechtsverhältnis besteht nicht zwischen ihnen.

B] **Ja,** es liegt ein Gesellschaftsverhältnis vor. Auch wenn das Konkubinatspaar (vermutlich) keinen schriftlichen Vertrag aufgesetzt hat, kann man annehmen, dass Monika Streiff und Oskar Schönenberger stillschweigend abgemacht haben, ihren Unterhalt gemeinsam zu bestreiten. Darin besteht der gemeinsame Zweck, zu dem jeder seinen Teil beisteuern muss, sei es mit Geld (Miete, Essen usw.) und / oder mit Arbeit (Waschen, Bügeln, Kochen usw.).

C] **Nein,** es handelt sich nicht um eine Gesellschaft, sondern um einen «gewöhnlichen» Darlehensvertrag. Die Tatsache, dass der Zins für das Darlehen vom Unternehmensgewinn abhängig ist, spricht allein noch nicht für ein Gesellschaftsverhältnis.

---

38 Seite 124

Ja, der Vermieter kann Speck einklagen, da dieser solidarisch und unbeschränkt haftet.

---

39 Seite 124

Wenn der VR seine Aufsichtspflicht nicht sorgfältig ausgeübt hat, können die Aktionäre die **Verantwortlichkeitsklage** einleiten und Schadenersatz verlangen. Sie könnten auch direkt gegen den fehlbaren Direktor vorgehen.

---

40 Seite 131

Martha Maler ist zwar bevollmächtigt, gibt sich aber nicht als Stellvertreterin zu erkennen. Da es dem Haushaltgeschäft nicht darauf ankommt, mit wem es den Vertrag abschliesst, kommt der Vertrag somit zwischen dem Haushaltgeschäft und Martha Maler zustande.

---

41 Seite 131

Ja, das Unternehmen ist an die abgegebene Schuldanerkennung gebunden, denn der gutgläubige Kunde darf sich auf den Handelsregistereintrag verlassen. Ist dort keine Beschränkung vorgesehen, kann dem Kunden die interne Regelung nicht entgegengehalten werden.

---

42 Seite 131

A] **Ja,** denn die Prokura muss zwar ins HR eingetragen werden, die Unterschrift der Prokuristin Gerda Keller ist aber auch ohne Eintrag gültig (OR 458 II).

B] **Ja,** die im HR eingetragenen Vollmachten sind gültig, bis sie wieder gelöscht werden (OR 933 II).

Stichwortverzeichnis

Z

Management-Basiskompetenz für Führungsfachleute

Das Ende dieses Buches ist vielleicht der Anfang vom nächsten. Denn dieses Lehrmittel ist eines von rund 300 im Verlagsprogramm von Compendio Bildungsmedien. Darunter finden Sie zahlreiche Titel zu den Themen Management und Leadership. Zum Beispiel:

Organisation
Finanzielles und betriebliches Rechnungswesen
Einführung ins Recht
Betriebswirtschaft
Personalmanagement

Management bei Compendio heisst: übersichtlicher Aufbau und lernfreundliche Sprache, Repetitionsfragen mit Antworten, Beispiele, Zusammenfassungen und je nach Buch auch Praxisaufgaben.

Ebenfalls erhältlich: Leadership für Führungsfachleute

Die Reihe Leadership für Führungsfachleute richtet sich an Führungspersonen, die eine Gestaltungs- und Entwicklungsaufgabe für die zwischenmenschlichen Beziehungen und für die Teamkultur in ihren Wirkungskreisen übernehmen. Dabei ist eine bewusste Wahrnehmung der eigenen Person, des Gegenübers und der sachlichen Gegebenheiten hilfreich. Folgende Lehrmittel unterstützen Sie bei dieser Aufgabe:

Selbstkenntnis
Selbstmanagement
Kommunikation und Präsentation
Teamführung
Konfliktmanagement
Schriftliche Kommunikation

Eine detaillierte Beschreibung der einzelnen Lehrmittel mit Inhaltsverzeichnis, Preis und bibliografischen Angaben finden Sie auf unserer Website: compendio.ch/mlsvf

Nützliches Zusatzmaterial

Kostenlos herunterladen:
professionell aufbereitete Folien

Für den Unterricht, die firmeninterne Schulung oder die Präsentation – auf unserer Website können Sie professionell aufbereitete Folien mit den wichtigsten Grafiken und Illustrationen aus den Büchern kostenlos herunterladen. Bitte respektieren Sie die Rechte des Urhebers, indem Sie den entsprechenden Vermerk auf Compendio garantieren.

Alle Lehrmittel können Sie via Internet sowie per Post, E-Mail, Fax oder Telefon direkt bei uns bestellen:
Compendio Bildungsmedien AG, Neunbrunnenstrasse 50, 8050 Zürich
Telefon +41 (0)44 368 21 14, Telefax +41 (0)44 368 21 70, E-Mail: bestellungen@compendio.ch, www.compendio.ch

Bildungsmedien nach Mass
Kapitel für Kapitel zum massgeschneiderten Lehrmittel

Was der Schneider für die Kleider, das tun wir für Ihr Lehrmittel. Wir passen es auf Ihre Bedürfnisse an. Denn alle Kapitel aus unseren Lehrmitteln können Sie auch zu einem individuellen Bildungsmedium nach Mass kombinieren. Selbst über Themen- und Fächergrenzen hinweg. Bildungsmedien nach Mass enthalten genau das, was Sie für Ihren Unterricht, das Coaching oder die betriebsinterne Schulungsmassnahme brauchen. Ob als Zusammenzug ausgewählter Kapitel oder in geänderter Reihenfolge; ob ergänzt mit Kapiteln aus anderen Compendio-Lehrmitteln oder mit personalisiertem Cover und individuell verfasstem Klappentext, ein massgeschneidertes Lehrmittel kann ganz unterschiedliche Ausprägungsformen haben. Und bezahlbar ist es auch.

Kurz und bündig:
Was spricht für ein massgeschneidertes Lehrmittel von Compendio?

- **Sie wählen einen Bildungspartner mit langjähriger Erfahrung in der Erstellung von Bildungsmedien**
- **Sie entwickeln Ihr Lehrmittel passgenau auf Ihre Bildungsveranstaltung hin**
- **Sie können den Umschlag im Erscheinungsbild Ihrer Schule oder Ihres Unternehmens drucken lassen**
- **Sie bestimmen die Form Ihres Bildungsmediums (Ordner, broschiertes Buch oder Ringheftung)**
- **Sie gehen kein Risiko ein: Erst durch die Erteilung des «Gut zum Druck» verpflichten Sie sich**

Auf der Website www.bildungsmedien-nach-mass.ch finden Sie ergänzende Informationen. Dort haben Sie auch die Möglichkeit, die gewünschten Kapitel für Ihr Bildungsmedium direkt auszuwählen, zusammenzustellen und eine unverbindliche Offerte anzufordern. Gerne können Sie uns aber auch ein E-Mail mit Ihrer Anfrage senden. Wir werden uns so schnell wie möglich mit Ihnen in Verbindung setzen.

Modulare Dienstleistungen
Von Rohtext, Skizzen und genialen Ideen zu professionellen Lehrmitteln

Sie haben eigenes Material, das Sie gerne didaktisch aufbereiten möchten? Unsere Spezialisten unterstützen Sie mit viel Freude und Engagement bei sämtlichen Schritten bis zur Gestaltung Ihrer gedruckten Schulungsunterlagen und E-Materialien. Selbst die umfassende Entwicklung von ganzen Lernarrangements ist möglich. Sie bestimmen, welche modularen Dienstleistungen Sie beanspruchen möchten, wir setzen Ihre Vorstellungen in professionelle Lehrmittel um.

Mit den folgenden Leistungen können wir Sie unterstützen:

- **Konzept und Entwicklung**
- **Redaktion und Fachlektorat**
- **Korrektorat und Übersetzung**
- **Grafik, Satz, Layout und Produktion**

Der direkte Weg zu Ihrem Bildungsprojekt: Sie möchten mehr über unsere Verlagsdienstleistungen erfahren? Gerne erläutern wir Ihnen in einem persönlichen Gespräch die Möglichkeiten. Wir freuen uns über Ihre Kontaktnahme.

Compendio Bildungsmedien AG, Neunbrunnenstrasse 50, 8050 Zürich
Telefon +41 (0)44 368 21 11, Telefax +41 (0)44 368 21 70, E-Mail: postfach@compendio.ch, www.compendio.ch